MONEY
2.0

테크놀로지가 만드는 새로운 부의 공식

MONEY
2.0

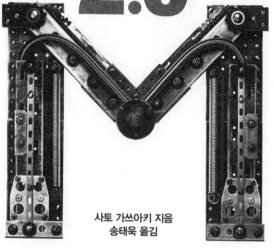

사토 가쓰아키 지음
송태욱 옮김

21세기북스

테크놀로지가 바꾸는 부와 비즈니스 전망

정재승_KAIST 바이오및뇌공학과 교수, 문술미래전략대학원장

영화에서나 관심을 끌던 인공지능이 당해낼 재간 없는 무시무시한 괴물이 되어 세상에 나타났다. 빅데이터를 순식간에 처리할 수 있는 능력으로 비즈니스 현장에 바로 투입될 만능 도구가 되어 등장한 것이다. 2016년 3월 알파고와 이세돌의 '세기의 대국'은 아직 오지 않은 인공지능의 미래를 상상하게 해주었고, 인공지능이 결국 우리의 일자리를 심각하게 위협할 것이라는 불안을 널리 퍼뜨렸다. 지난 몇 년간 언론은 호들갑스럽게 걱정해왔다. 인공지능이 비즈니스 지형도를 송두리째 바꾸어놓을

것이라고, 인간의 일자리도 대부분 빼앗아 갈 거라고.

이처럼 위협적인 인공지능에 미처 적응하기도 전에, 이번엔 암호화폐와 블록체인이라는 괴물이 새롭게 등장했다. 화폐나 자산도 될 수 있고 상품이나 주식도 될 수 있는, 그러나 아직은 그 어느 것도 아닌 암호화폐는 과연 세상에 살아남아 글로벌 금융 시스템을 어떻게 헤집어놓을 것인가? 국가라는 강력한 통제권을 가진 중앙부를 사라지게 만들고, 신뢰할 수 있는 개인 간 거래를 가능하도록 만들어줄 블록체인은 과연 얼마나 세상을 흔들어놓을 것인가? 기존의 금융 기관과 중간 수수료로 유지되는 모든 유통업, 더 나아가 금융 시스템을 독점적으로 통제해온 국가의 강력한 반발을 블록체인은 과연 극복하고 살아남을 수 있을까?

이 책은 바로 이런 불안에 답하기 위해 쓰인 책이다. 현대인들의 불안은 날마다 증폭된다. 불과 20~30년 전만 해도, 젊어서 기술을 익히면 평생 먹고사는 데 어려움이 없었다. 하지만 이제는 인간의 생물학적 수명은 점점 길어지는 데 비해 기술 자체의 수명은 점점 짧아지고 있다. 대학 전공이나 대학원 학위로 평생 전문가 행세를 하는 데도 한계가 있다. 평생 학습을 하지 않으면 빠르게 바뀌는 세상에 적응하기 힘든 시대를 관통하고 있는 것이다.

게다가 사회 변화에 기술이 미치는 영향이 점점 증가하면서, 기술을 알아야만 사회 적응이 가능한 시대가 돼가고 있다. 듣기만 해도 머리가 아프고 복잡한 블록체인, 빅데이터, 클라우드 시스템, 인공지능이 도대체 무엇인지, 그리고 그것들이 미래를 어떻게 만들어나갈지를 알아야만 생존 가능한 시대가 됐다. 이 책《MONEY 2.0》은 우리와 똑같은 불안을 안고 있는 저자가 써내려간 내밀한 자기 고백이자, 거시적인 관점에서 적절하고 합리적인 대응 전략을 탐색하는 책이다.

이 책의 가장 큰 미덕은 현대인들의 불안한 마음을 정확히 꿰뚫고 우리가 정말 궁금해하는 '테크놀로지가 세계 경제와 우리 사회를 어떻게 바꾸어놓을 것인가'에 대한 거시적 해답을 제공한다는 데 있다. 흥미롭게도, 그가 미래를 예측하기 위해 주목한 것은 테크놀로지, 인간의 욕망, 그리고 돈이었다. 테크놀로지가 인간의 욕망과 돈을 만나면서 미래를 만들어간다는 것이다.

흔히들, 어떤 기술이 세상을 바꾸기 위해서는 기술 자체가 문제 해결 능력을 가지고 있어야 하고(technologically possible), 이 기술을 사용하면 이전에 비해 분명한 경제적 이득이 생겨야 하며(economically feasible), 사람들이 이 기술을 기꺼이 받아들여야 한다(socially acceptable)고 말한다. 저자는 이것을 테크놀로지, 돈, 그리고 인간의 욕망으로 해석하고 있는 것이다. 결국 도파민이 관여하는 인간 뇌의 '쾌락과 보상의 중추'를 돈과 테크놀로지가 어떻게, 얼마나 건드리느냐가 핵심이란 얘기다.

그런 관점에서 봤을 때 저자는 인공지능에서 블록체인에 이르기까지, 제4차 산업혁명을 이끄는 테크놀로지들이 기술적으로도 훌륭하지만 명확한 경제적 이득을 가져다주리라 기대되며, 인간의 욕망을 건드릴 만큼 충분히 유혹적이기 때문에 미래 세상을 바꿀 중요한 기술이 될 것이라고 조심스럽게 예측한다. 물론 여전히 논란은 있지만, 이런 기술들이 가지고 있는 기술 자체의 아름다움과 엔지니어들이 추구하는 철학이 세상을 바꿀 만큼 매력적이라는 얘기다.

흥미롭게도, 저자가 주목하는 것은 기술이 추구하는 가치다. 테크놀로지가 추구하는 가치가 사람들이 지향하는 시대정신과 맞아떨어진다면, 그 기술은 미래에 중요한 역할을 수행할 것이다. 제4차 산업혁명 테크놀로지들은 기업이라는 거대 자본이나 정부라는 정치적 중앙 통제 시스템에 맞서 개인이 좋은 아이디어만 있으면 얼마든지 공정한 경쟁을 할 수 있는 기회를 제공할 것이다.

예를 들어, 자본이 없어도 온라인에서는 개인이 얼마든지 기업과 경쟁할 수 있으며(마크 저커버그라는 대학생이 개발한 페이스북 앱이 거대 기업들 못지않은 성장을 해온 지난 10년을 돌이켜보라!), 은행이나 카드사의 권력에 맞서 암호화폐를 통해 금융의 자유를 만끽할 수 있는 시대를 꿈꾸고 있다. 블록체인은 유통업체의 수익을 줄이고 창작자들에게 더 많은 대가를 지불하면서도 소비자의 지출은 줄일 수 있는 합리적인 시스템을 상상하고 있다.

새로운 시대의 머니는 아마도 지금과는 굉장히 다른 모습일지도 모른다. 테크놀로지의 본질과 인간의 본성을 통해 미래를 읽어내려는 이 책은 바로 그래서 지금 우리에게 더 절실히 필요한지도 모른다. 테크놀로지가 이끌 미래에 대한 해답을 발견하는 것은 독자들의 몫이겠지만, 이 책은 미래의 기회를 찾는 모든 이들에게 과학적 상상의 훌륭한 길잡이가 될 것이다.

차례

2부 MONEY 2.0 '자본주의 사용법'

1장 자본주의의 한계

2장 가치주의의 발견

3부 MONEY 2.0 '돈 버는 통찰'

MONEY 2.0
'돈 버는 법칙'이 바뀐다

핀테크, 비트코인, 공유경제, 평가경제[1], 이는 요즘 들어 익숙해진 단어들이다. 제4차 산업혁명 시대에 우리는 '돈'과 '경제'의 급격한 변화를 목격하고 있는데, 나는 원래 창업하기 전부터 줄곧 이러한 상황을 내다보았다.

인터넷이 탄생함으로써 '정보'의 양상이 극적으로 변했다. 구글을 비롯한 글로벌 기업들이 주도한 기술 발전으로 키보드만 두드리면 전 세계의 온갖 정보에 접근할

---

1   평가경제는 오카다 도시오(岡田斗司夫)가 《평가경제 사회(評価経済社会)》(2011)에서 주장한 개념으로, '평가'를 매개로 물건, 서비스, 돈이 교환되는 사회를 말한다. 그는 화폐와 상품을 교환하는 사회에서 평가와 영향을 교환하는 사회로 바뀌어간다고 주장했다.

수 있게 되었다. 그후 페이스북 같은 서비스가 등장했고 이용자들은 서로 긴밀히 연결되어 정보와 소식을 주고받게 되었다. 지난 20년 동안 '정보'의 양상, '소통'의 양상이 획기적으로 변한 것이다.

바야흐로 '경제'의 양상이 변하고 있고 이에 발맞추어 일하는 방식도 점차 변해가고 있다. 가상통화 시장의 시가총액은 어느새 20조 엔을 넘었고, 직원이 부업하는 행위를 금지하던 일본의 대기업도 이런 제한을 풀고 있다. SNS를 통해 강한 영향력을 행사하는 유명인이 탄생하고 용어도 생소한 평가경제가 논의되는 등 사회 변화가 점점 빨라지고 있다. 다만 '어떻게 변해갈까? 어떤 방향으로 나아갈까?'를 궁금해하며 마음 한편으로는 불안해하는 이들도 많을 것이다.

나는 이 책에서 21세기에 등장한 '새로운 경제'가 무엇인지를 설명하고 있다. 우선 현재의 경제와 화폐가 어디서 비롯되었고 어떻게 운용되는지를 소개한다. 이어 기술 발전에 의해 경제와 화폐가 어떻게 변해왔는지를 다루며, 마지막으로 자본주의의 결점을 보완하는 가치주의라는 틀을 제안한다. 사람들은 자본주의에 문제가 있다고 말하면서도 무엇이 문제이고 이를 어떻게 해결할 수 있는지는 말하지 못한다. 자본주의가 최선은 아니지만 차선 정도는 된다고 여겨 큰 이견 없이 수용해왔으나, 이제는 더 나은 체제를 구현할 수 있는 가능성이 열렸다. 바로 가치주의다. 이야기를 풀어나가면서 실제 사례를 들어 알기 쉽게 설명하겠다.

참고로 '2.0'이란 기존의 틀이 완전히 바뀌고 전혀 새로운 개념이 만들어지는 것을 의미한다. 1부에서 자세히 설명하겠지만 이 책의 제목인 'MONEY 2.0'은 테크놀로지의 획기적 변화를 기점으로 돈의 형태뿐만 아니라 돈의 가치, 돈을 버는 방식, 경제 구조의 변화에 이르기까지 돈과 경제의 양상이 완전히 변하는 것을 가리킨다.

먼저 왜 돈이나 경제에 관한 책을 쓰려고 했는지를 밝히고 싶다. 나는 1986년 후쿠시마현에서 태어났다. 지금은 대지진이나 원전 사고로 전 세계에 유명해졌는데 사실 이렇다 할 특징이 없는 시골이었다. 나는 아버지를 여의고 어머니 슬하에서 어렵게 자랐다. 어머니 혼자 삼형제를 키웠는데 가장 어려울 때는 한 해 수입이 100만 엔 가량에 불과할 정도로 힘들게 살았다. 지금 생각하면 어떻게 먹고살았는지 신기할 따름이지만 당시에는 그런 생활이 당연한 줄로만 알았다.

초등학교 고학년이 되자 다른 집에는 당연히 있는 물건이 우리 집에는 없다는 사실을 깨닫기 시작했다. "아무래도 우리 집에는 '돈'이 없는 모양이다……" 나는 어린 나이에 벌써 돈을 의식하게 되었다. 자연스럽게, 돈 많은 집에서 태어난 아이는 기회가 많고 가난한 집에서 태어난 아이는 선택지가 적다는 사실을 깨달았다.

"인생은 평등하지 않구나."

이런 깨달음은 내 인생에 두고두고 커다란 영향을 미쳤다. '태어난 순간 나한테는 실패가 약속되어 있었구나', 이런 불길한 운명을 감지한 나는 엄청난 분노를 느꼈다. '태어난 순간, 실패가 약속되어 있는 인생이라니, 이게 말이나 되는 소린가', 설사 이것이 정해진 운명이라 해도 나는 온힘으로 저항하고 싶었다. '인간은 아무리 어려운 처지에 몰려도 어떤 일이든 해낼 수 있다'는 것을 증명하고 싶었고 이런 투지가 삶의 원동력이 되었다.

결국 돈이 문제였다. '돈'이란 무엇인가, 나아가 누구도 의심하지 않는 자본주의사회란 무엇인가, 이게 최선인가, 더 나은 사회구조를 만들 수는 없는가, 나는 이런 문제를 골똘히 생각하게 되었다. 확실히 자본주의는 잘 만들어진 체제이기는 하지만 태어난 순간 각자의 출발점이 다르게 설계된 체제가 최선일 리는 없다, 좀 더 나은 무언가가 있을 것이다, 없다면 내가 직접 만들어보자, 하고 생각하게 되었다.

고등학교를 졸업하고 상경하여 사회의 새로운 틀을 만들기 위해 법조인이 되기로 마음먹었다. 그러나 당시 사법제도가 개편되어 법조인이 되려면 대학원(로스쿨)을 졸업해야 했다. '대학 4년을 다닐 돈도 없는데 다시 대학원 2년을 더 다녀야 한다니……' 당시 나는 사법시험을 2년 만에 합격하고 나서 학교를 그만두고 법조인이 되겠다고 마음먹었더랬다. 눈앞이 캄캄했다.

'진로를 바꾸어야 하는데……' 대학에 입학한 후에야

내가 생각하던 길이 막혀 있음을 알고는 진로를 두고 고민했다. '잠깐, 돈에 따라 인생이 정해지는 시스템에 의구심을 품었는데 돈이 있어야만 할 수 있는 일을 목표로 삼다니, 이건 애초에 문제가 있었어. 부당한 사회체제에 분노해서 여기까지 왔으니 아예 시스템을 다시 만들어보자.' 이렇게 생각하고 대학교 1학년 여름에 방향을 바꾸어 내 회사를 세워 사업을 시작했다(나중에 대학은 중퇴). 어린 시절부터 계속 내 인생에 영향을 끼쳐온 '돈'의 본질을 밝히고 더 나은 사회체제를 내 손으로 구현해보자고 생각했다.

그때부터 지금까지 경영을 통해 돈과 경제 문제를 계속 다루었다. 책과 사업 현장, 경영 실무에서 얻은 지식과 경험 등을 통해 여러 가지 깨달음을 얻었다. 동시에 그동안 돈과 경제의 표면만을 훑었을 뿐 편견에 사로잡혀 진정한 시스템을 이해하지 못했다는 사실을 절감했다. 경영에서는 매일 하는 돈 관리며 자금 조달 등을 통해 금융 시스템을 생생히 이해했고, 조직을 관리하면서 돈을 버는 사람들의 행동 원리를 알게 되었다. 방대한 데이터를 분석함으로써 사람들은 왜, 어떨 때 돈을 지불할까, 하는 의문을 풀어나갔다. 그리고 기업을 공개하면서 자본시장이 무엇인지를 경험을 통해 이해할 수 있었다.

'왜 상장했는가?' 하는 질문을 자주 받지만(상장하지 않아도 계속 성장시킬 수 있었기 때문에), 돈이나 경제를 이해하려면 금융의 중심인 주식시장에 뛰어들어야 한다. 막상 부딪혀보니 자본시장의 이미지와 실상은 전혀 달랐고 많은 깨달음을 얻었다. 나는 원래 자본시장을 부정적으로 보았다. 사람들의 욕망이 소용돌이치는 세계일 뿐 사회에 유익한 체제라는 생각은 들지 않았기 때문이다.

하지만 지금은 다르다. 자본시장은 경제 발전에 필요한 체제이며 금융 역사의 귀결이자 사람의 욕망을 최적화한 결과임을 이해했기 때문이다. 직접 관여해보니 굉장히 잘 만들어진 시스템인 반면 풀어야 할 과제도 있음을 알 수 있었다. 이 경험은 '타임뱅크'라는 신규 사업을 할 때 살려나갔다. 전에는 돈을 부정적으로 보았지만 지식과 경험을 쌓아갈수록 눈이 번쩍 뜨이고 매일, 매사에 흥미를 느꼈다.

어떤 가설을 세우고 사업을 통해 검증하면 새로운 가설을 세울 수 있고, 검증을 되풀이함으로써 대학에서는 배울 수 없는 살아 있는 지식을 얻을 수 있었다. 2015년부터 핀테크라는 말이 서서히 퍼져나갔고, 2016년 후반부터 비트코인을 비롯한 가상통화가 빠르게 보급되기 시작했다. 2017년에는 가상통화를 기반으로 한 자금 조달수단인 가상통화공개(ICO)[2]가 이루어지는 등 누가 보더라도 돈과 경제의 양상이 크게 변해가고 있었다.

그렇다고 핀테크나 비트코인 등의 최신 기술 트렌드를 소개하거나 금융공학 및 경제학 이론을 소개하는 것이 아니다. 또한 인생의 방향을 잃고 갈피를 잡지 못하고 있는 사람을 위해 길안내를 하자는 것도 아니다. '이렇게 하면 일의 효율이 올라간다!'라는 내용을 담지도 않았다. 세상은 이렇게 변할 거라는 미래 예측을 내놓은 것도 아

---

2 가상통화공개(Initial Coin Offering)는 기업이 독자적인 가상통화를 발행하고 판매하여 자금을 조달하는 방법이나 과정을 말한다. 투자자는 '코인'이나 '토큰'이라 불리는 디지털 통화를 구입하는데, 원칙적으로 대가는 지불받지 못한다. 종래의 기업공개(IPO, Initial Public Offering) 이외의 자금 조달 수단으로 주목을 받고 있다.

니다. 나는 '돈과 경제란 무엇인가'를 이해하여 이를 효
과적으로 이용함으로써 눈앞의 돈 문제를 해결하기를 바
라며 이 책을 썼다.

사람들의 인생 고민은 세 종류로 나뉜다. 인간관계, 건
강, 돈. 돈 때문에 인생길이 좁아지거나 매일 허덕이는
사람을 하나라도 줄이고, 철없던 시절의 내가 알았으면
좋았을 지식을 숨김없이 전하고 싶었다. 돈과 경제가 어
떻게 흘러가는지를 이해하고 효과적으로 대처하면 불안,
공포, 초조에서 놓여날 수 있을 것이다. 무엇보다 돈이라
는 필터를 떼어내고 인생을 새롭게 봄으로써 '나는 왜 태
어났고, 사실은 무엇을 하고 싶은가' 같은 본질적인 주제
에 천착할 수 있으리라 생각한다.

전기가 발명되어 생활이 편리해졌고 의학이 발전하여
많은 질병이 퇴치되었으며 신분 해방으로 모든 이들에
게 새로운 가능성이 열리게 되었다. 마찬가지로 '돈'이나
'경제'도 변화 발전하는 과정에 있고, 우리 인간 역시 더
나은 존재를 지향할 수 있다. 적어도 아침부터 밤까지 돈
만 생각하고 돈이 없어서 두려워하며 돈에 휘둘리는 불

쌍한 인생은 우리 세대에서 끝마쳤으면 좋겠다.

전문용어는 피하고 되도록 쉽게 쓰려고 노력했다. IT
나 금융계에 몸담은 이들이 보기에는 장황할 수도 있겠
지만, 양해해주기 바란다. 이 책을 통해 누구나 돈이나
경제라는 '도구'를 잘 운용하여 풍요로운 삶을 누릴 수
있기를 바란다.

1부

MONEY 2.0
'새로운 부의 공식'

나는 기업을 경영하면서 무엇보다 세상이 어떻게 움직이는가를 알 수 있었다. 이는 경영뿐만 아니라 여러 분야에서 성과를 내고 있는 사람이라면 다들 체득한 사실이다. 표현은 서로 다르지만, 대체로 동일한 시스템이 머릿속에 있다.

현실에는 대체로 세 가지 벡터가 서로 영향을 미치면서 미래의 방향을 결정한다. 물론 실제로는 좀 더 많은 요소가 개입하겠지만, 그중에서 영향력이 가장 큰 것은 바로 '돈', '감정', '테크놀로지'이다.

① **돈(경제).** 세 가지 요소 중에서 가장 강력하다고 느낀 것은 돈(경제)이다. 아마존 오지에서 자급자족을 하는 원주민을 제외하고 지구상의 거의 모든 사람은 시장경제의 영향에서 벗어날 수 없기 때문이다. 현 상황에서는 '경제=돈'이라고 해도 좋겠다.

우리는 생활을 하기 위해 돈을 벌고 인생의 절반을 여기에 할당한다. 목구멍이 포도청이라는 말이 있을 만큼 돈의 영향력은 절대적이다. 또한 경제체제는 약육강식의 원리가 관철되는 영역이고, 강자는 늘 약자의 몫을 빼앗아 몸집을 키운다. 뒤처진 자는 도태되고 소멸되는 먹이 사슬 시스템이 견고하게 자리 잡고 있다. 이상하게도 학교에서 돈이 무엇인지 가르치질 않는다. 대학이나 대학원에서 경제, 경영을 가르치기는 해도 '돈'의 본질을 다루는 경우는 거의 없다. 공부를 잘한다고 사회에서 꼭 성공하란 법은 없는데, 이 둘은 농구와 야구처럼 규칙이 서로 다르기 때문이다.

② **감정(인간).** 돈 다음으로 큰 영향을 미치는 요소가 감정(공감, 질투, 증오, 애정 등)이다. 아무리 훌륭한 사상이라 해도 모든 인류의 공감을 얻을 수는 없다. 하지만 일정한 모집단을 형성하는 데는 도움이 되기에 돈보다는 못하지만 이 역시 무척 강력한 요소이다. 인간은 누군가를 부러워하거나 질투하는 반면 타인에게 공감하고 자신을 희생해서 뭔가에 헌신하기도 하는 동물이다. 아무리 돈의 성격을 잘 파악하고 성공한다 해도 타인의 감정을 무시해서는 오래가지 못한다. 세상의 공감을 얻을 수 없는 사업을 하면 돕는 사람이 없어지고 결국 스스로 무너지고 만다. 돈의 영향력은 막강하지만, 사람의 감정을 무

시해서는 결코 오래 지속할 수 없다.

③ **테크놀로지.** 많은 사람들은 이를 별로 중시하지 않는다. 99.9퍼센트에 해당하는 사람은 테크놀로지를 생각하지 않아도 문제없이 생활할 수 있기 때문일 것이다. 테크놀로지는 인간의 역사에서 중대한 변화의 계기를 마련했다. 자연이나 인간은 세월을 따라 비교적 천천히 변하지만, 테크놀로지는 이와는 비할 데 없이 빠르고 정신없이 변해 문제를 일으키곤 한다. 또한 테크놀로지에는 일정한 흐름이 있어서 한 가지 발명이 연이어 다음 발명을 불러일으킨다. 예컨대 오늘날 인공지능은 인터넷 기기와 방대한 데이터에 기반을 두고 발전하고 있다. 사실 컴퓨터는 반도체나 전기 분야 기술혁신의 결정체라고 할 수 있다. 최근에는 이 테크놀로지의 영향력이 서서히 커지고 있다.

머릿속 이미지를 그림으로 표현해보자. 서로 다른 메커니즘으로 움직이는 세 요소가 서로 다른 방향을 향해 나아간다. 그것들의 끝을 이은 삼각형의 중간이 '현재'이고 화살표가 나아가는 방향이 '미래'이다.

이상으로 세 가지 요소에 대해 이야기했지만, 끌어당기는 힘이 가장 센 것은 돈이고, 다음이 감정, 마지막이 테크놀로지이다. 이 세 가지 요소가 모두 갖추어져야만 현실에서 제대로 기능한다. 예컨대 우리는 타인의 감정을 무시하고 경제성장만을 추구하다 무너지는 모습을 여러 번 보았다. 반대로 많은 사람들이 공감하는 프로젝트라 해도 구성원의 생계를 책임질 만한 가치를 만들어낼 수 없다면 사람들은 떠나가게 마련이다. 최소한 먹고는

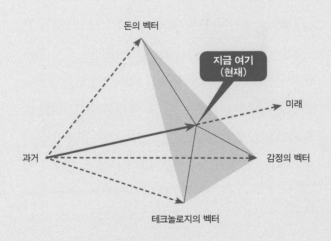

미래의 방향을 결정하는 세 가지 벡터

살아야 하기 때문이다. 마찬가지로 비윤리적인 테크놀로지도 구현이야 할 수 있지만 실제 세상에 나오긴 어렵다. 경제적 · 사회적 가치를 찾을 수 없다면 연구 예산은 삭감 당할 수밖에 없다.

이러한 세 가지 요소는 체육과 수학, 미술만큼이나 서로 다르다. 게다가 돈 · 감정 · 테크놀로지라는 세 요소가 서로 연동하여 한 가지 결과를 만들어내고 있어 무척 까다롭다. 한 가지 요소만 해도 나름대로 복잡한데, 세 가지나 될 뿐만 아니라 서로 의존하는 특성이 있어 넘어야 할 문턱은 더욱 높아진다.

경제학자 다케나카 헤이조는 "세상은 연립방정식 같은 것"이라고 했는데, 꼭 들어맞는 표현이다. 숫자 하나만 바꾸어도 전체가 영향을 받고 여러 식이 연동하여 하나의 답이 도출되기 때문이다. 이 책은 돈이나 경제를 다루고 있지만, 읽다 보면 방금 말한 세 가지 요소가 모두 중요하다는 것을 차츰 이해할 것이다. 우선은 돈부터 설명한다.

1장

첫 번째 공식
돈(경제)

01

돈과 경제의
급격한 변화

이 책을 손에 든 사람이라면 '핀테크'라는 말을 귀에 못
이 박히도록 들었을 것이다. 핀테크(Fintech)란 finance
와 technology를 조합한 용어로, IT를 비롯한 새로운 테
크놀로지의 발전에 따라 금융이 급격히 변화하는 흐름을
가리킨다. 이에 따라 최근에는 로보어드바이저[3], 비트코
인, 블록체인, 크라우드펀딩 등 다양한 버즈워드[4]가 흘러
넘치고 있다. 다만 이 영역에서 사업을 하는 사람이 보기

---

3   로보어드바이저(robo-adviser)는 투자자에게 인공지능을 이용하여 자산 관리나
    자산 운용에 대한 조언을 하는 체제나 서비스를 말한다.

에 전혀 다른 두 가지 현상이 무질서하게 섞여 논의되는 듯하다. 여기서는 이 두 가지 현상을 편의적으로 핀테크 1.0과 핀테크 2.0으로 구별해서 설명하겠다.

① **핀테크 1.0이란?** 기존의 금융 개념은 그대로 두고 IT를 사용해 업무를 극도로 효율화하는 것이다. 결제, 투자, 융자, 보험, 회계와 같은 틀은 그대로 두고 스마트폰이나 빅데이터 등을 이용하여 쓸데없는 업무를 없애거나 새로운 마케팅 기법을 활용하는 것이다. 무엇이든 기존 금융의 연장선에 있으므로 금융기관이 사용하는 핀테크란 거의 1.0이라고 할 수 있다. 기존 금융기관에서 일하는 사람이 어떤 비즈니스 모델을 듣고 금방 이해할 수 있다면 핀테크 1.0을 사용했기 때문이다. 전형적인 예가 AI를 활용하여 투자를 최적화하는 로보어드바이저, 스마트폰 단말기를 이용한 결제, 인터넷에서 많은 사람에게

4　버즈워드(buzzword)는 그럴싸하게 들리지만 정의하기 어렵고 의미가 애매모호한 키워드를 말한다. 컴퓨터 분야에서 버즈워드는 '유비쿼터스', '크라우드컴퓨팅', 'Web 2.0' 등이다. 이런 말을 들으면 IT의 신시대가 찾아왔구나 싶어 감탄할지도 모르지만, 구체적으로 설명해주지 않으면 뭘 말하는지 알 수가 없다.

자금을 끌어모으는 크라우드펀딩이다. 이미 있는 기술을 활용하여 효율을 높인 것이므로 듣기만 해도 대충 가늠할 수가 있다.

② **핀테크 2.0이란?** 근대에 만들어진 금융의 틀 자체를 무시하고 백지 상태에서 재구축하는 유형이다. 이 책의 제목인 'MONEY 2.0'도 여기서 따왔다. 2.0 서비스의 경우 새로 만들어진 개념이 많아 기존의 금융 지식이 풍부한 사람일수록 오히려 이해하기가 힘들다. 통화, 결제, 투자, 융자 같은 기존 틀에 적용하여 판단하기가 굉장히 어려워서 관련 서비스나 개념이 무엇인지 한마디로 표현할 수가 없다. 전형적인 예가 비트코인이다. 가상통화라고 해서 '통화'라는 이름이 붙어 있지만, 일반적인 통화와는 성격이 다르다. 우선 엔이나 달러처럼 국가가 발행하는 화폐가 아닐뿐더러 인터넷 은행처럼 관리자가 있는 것도 아니다. 통상의 금융 지식만이 아니라 게임이론, 암호이론, P2P(개인 간) 네트워크 같은 전문 지식을 갖추고 있지 않으면 온전히 이해할 수 없다.

이 책에서는 물론 2.0을 다룬다. 2.0은 사회 기반을 완전히 재구축할 잠재력이 있다. 다만 기존 상식과는 너무나 다르게 운용되기 때문에 경제계의 주류에 있는 사람들은 회의와 불안을 품고 바라보기 십상이다. 이런 현상은 거꾸로 2.0이 완전히 새로운 패러다임임을 입증하는 증거라 할 수 있다. 우선 돈과 경제의 시스템을 언급하고 테크놀로지에 의해 경제와 우리 생활이 어떻게 변화하는지를 설명하겠다.

02

돈이란
무엇인가?

자본주의 이야기를 하기 전에, 먼저 '돈'이란 애초에 무엇이고 왜 생겼는지를 정리하고 넘어가자. 돈이 생긴 이유는 눈에 보이지 않는 '가치'를 적절히 교환하기 위해서이고, 돈은 가치의 보존·척도·교환이라는 기능을 수행한다.

인간은 처음에 물물교환을 했는데 교환 과정이 점차 복잡해지자 이를 보완할 방안을 강구해야 했다. 일대일 교환이라면 문제가 없지만 일대다 교환의 경우 척도가 되는 매개물이 필요하다. 음식물의 경우에도 금방 부패하고 멀리 운반할 수 없어 필요할 때 바로 쓸 수 있는 중개 수단이 있어야 한다. 이런 불편을 해소하기 위해 결국 화폐가 등장했다. 애초에는 조개껍데기, 쌀, 금속, 비단 등이 화폐로 쓰였으나 오늘날에는 불환지폐가 주로 쓰이게 되었다.

타인이 필요로 하는 자원을 손에 넣은 다음 돈으로 바꿔두면 자신에게 필요한 물건이 나올 때 바로 교환할 수 있다. 돈은 썩을 염려도 없고 비교적 가볍기 때문에 운반하기도 편리하다. 현재 세계에서 가장 오래된 돈은 기원전 1600년경의 조개껍데기라고 한다. 돈은 자본주의가 발달하기 훨씬 전부터 인간과 함께했음을 알 수 있다.

이처럼 '돈'의 역사는 유구하지만, 예전에는 지금만큼 존재감이 강하지는 않았다. 시대에 따라 인간이 중시해온 대상이 신(종교)이거나 왕(신분)이었기 때문이다. 돈이 주인공으로 공식 무대에 등장한 시기는 지금으로부터 300년 전인 18세기 무렵이다. 이제 사회의 변화 속도가 극적으로 빨라진다. 혁명이 몇 차례 일어나고 자유와 평등의 개념이 널리 확산되면서 개인이 자신의 인생을 자유롭게 선택할 수 있게 된다.

동시에 산업혁명이 일어나 생활의 중심이 농업에서 공

업으로 이동한다. 사회는 노동력이라는 가치를 제공하여 '돈'이라는 대가를 얻는 노동자와 '돈'이라는 자본을 굴려 공장을 비롯한 생산수단을 소유하는 자본가로 나뉘게 된다. 시민혁명에 의해 높은 신분을 물려받는 귀족의 영향력이 미약해지는 한편, 공장을 만들고 운영하는 데 필요한 자금인 '돈'의 중요성이 커진다. 한마디로 '신분'에서 '돈'으로 권력의 무게중심이 이동하고 '돈'이 사회의 공식 무대에 주역으로 등장한다(자본주의). 사람과 '돈'의 관계가 이때를 기점으로 완전히 변했음을 알 수 있다.

처음에 '돈'은 가치를 운반하는 '도구'였다. '돈'이 사회의 중심이 됨에 따라 가치를 어떻게 제공할지를 생각하기보다는 '돈'에서 '돈'을 만들어내는 쪽이 더 많은 이문이 남는 장사라는 사실을 깨달은 사람이 나타난다. 사람을 고용하여 제품을 만들고 시장에서 팔아 이를 '돈'으로 바꾸고 다시 뭔가를 구입하기보다는 '돈'으로 '돈'을 버는 것이 더 편리하고 훨씬 더 많은 이윤을 챙길 수 있다. 오늘날 금융시장의 규모가 이를 증명하다.

가치를 중개하는 도구에 지나지 않았던 '돈'이 가치에

서 분리되어 혼자 걸어가기 시작했다. 자금이 증권이라는 수단에 의해 시장에서 거래되는 증권화로 인해 '돈'을 금융 상품으로 판매할 수 있게 되자 이런 흐름은 더욱 가속화한다. 심지어 증권의 증권화 현상까지 나타나자 이제 실물경제의 소비와는 무관한 영역에서 '돈'만 저 혼자 열심히 돌아다니게 된다. 애초에 가치를 효율적으로 교환하는 수단으로 생겨난 '돈'이 이제는 (수단이 아닌) 목적이 되었다. 자본주의에서 돈의 중요성을 생각하면 필연적인 흐름일 것이다.

자본주의사회에서는 돈이 없으면 아무것도 할 수 없다. 하루하루 먹을거리도 구하지 못하고 집세도 낼 수 없다. 회사에서는 더 많은 돈을 벌어오는 사람이 좋은 평가를 받아 출세를 하게 된다. 이처럼 돈벌이와 인간의 삶이 밀접하게 연결돼 있고 돈을 많이 벌수록 보상(보상)이 크기 때문에 모든 사람이 돈벌이에 혈안이 된다.

03

국가 경제를 통제하는
중앙은행

그렇다면 돈은 어디서 만들어지는 걸까? 오늘날 지폐 발행을 결정하는 기관은 국가가 관리하는 중앙은행이다. 한국은 한국은행이고 일본은 일본은행이다. 국가가 관리하는 중앙은행이 돈을 찍어내 국가의 경제를 조정하는 시스템이 들어선 지는 그리 오래되지 않았다.

최초의 본격적인 중앙은행은 대영제국(현 영국)의 잉글랜드 은행이라고 한다. 1694년 프랑스와 전쟁을 벌이던 영국이 전쟁 비용을 조달하기 위해 만든 은행이다. 당시에는 왕실 관계자나 귀족이 필요성을 주창하여 만들어진 민간의 대형 은행이었다. 오늘날 일본의 미쓰비시도쿄

UFJ은행이나 미즈호은행 같은 곳이다. 당시에는 은행이 각자 예탁증권인 은행권을 발행하여 유통시켰다. 마치 지금의 가상통화 가운데 알트코인[5]과 같다고 볼 수 있다.

잉글랜드 은행이 발행하는 은행권도 국가가 정한 법정통화가 아니라 거대 은행이 발행하는 증서의 하나였다. 그후 1833년이 되어서야 비로소 잉글랜드 은행이 발행하는 은행권을 법정통화로 정하고 1844년에 필의 은행 조례(Peel's Bank Act)로 잉글랜드 은행을 국유화하게 된다. 이로써 국가가 중앙은행을 소유하여 국가 경제를 조정하는 기본 틀이 완성된다.

이를 본 미국과 일본이 영국을 흉내 내어 자국에도 중앙은행 시스템을 도입했고 이후 여러 나라에서 중앙은행 제도를 도입해 지금의 체제가 완성되었다. 1900년대에 중앙은행을 설치했던 국가는 18개국 정도였고, 1960년대에는 50개국이었다.

물론 오늘날에는 대부분의 국가에 설치되어 있다. 따

---

5   알트코인(Altcoin)은 비트코인 이외의 모든 가상통화를 통칭하는 말이다.

지고 보면 중앙은행의 역사는 100년 정도에 지나지 않는다. 얼핏 수천 년 동안 이어져온 것 같지만, 긴 인류 역사를 기준으로 보면 최근에 구축된 제도라고 할 수 있다. 중앙은행이 통화를 발행하고 국가가 경제를 운용하는 방식이 표준으로 자리 잡은 지 100년쯤밖에 안 되었음을 감안하면, 최근에 나온 가상통화나 블록체인 등이 100년 후에는 표준이 될 거라고 해도 이상한 이야기가 아닐지 모른다.

04

가상통화와 법정통화의
차이를 이해하라

최근 들어 경제에 가장 큰 영향을 미친 것은 무엇일까?
아마 비트코인으로 대표되는 가상통화일 것이다. 비트코
인이란 쉽게 말해 중앙에 통제하고 관리하는 사람이나
기구가 없이 생성되고 유통되는 가상의 통화이다. 2009
년에 나카모토 사토시라는 인물이 만들었다고 하는데,
비트코인에는 블록체인이라는 기술이 활용되고 있다. 일
정 기간의 데이터를 하나의 덩어리(블록)로 기록하고 체
인처럼 연결함으로써 네트워크 전체에 거래 기록이 보존
되어 제삼자가 해킹을 하거나 고치기 어렵다. 다시 말해
중앙에 관리자가 없는 P2P 네트워크의 결과물이고, 참여

하는 사람들에 대한 보상도 적절히 설계된 잘 만들어진 시스템이다.

이 비트코인을 원형으로 다양한 가상통화가 만들어졌고, 2009년에 시작된 가상통화 시장 전체의 시가총액은 20조 엔에 이른다. 단시간에 화제를 불러모았지만 세상의 의견은 정확히 둘로 나뉘어 있다. '금융을 바꿀 혁신적인 테크놀로지' vs. '순전한 사기이며 매우 수상쩍은 것'. 확실히 법 규정이 미비하고 적용이 애매해서 가상통화 주위에는 사기꾼이나 수상쩍은 사람이 많다. 인터넷에는 '당신도 부자가 될 수 있다!'면서 수상한 세미나로 유도하거나 비트코인을 가로채려는 사람이 많다.

사실 금융을 잘 아는 사람들이 흔히 가상통화를 비판하는데 이중에는 옳지 않은 주장도 있다. 예컨대 "비트코인이나 가상통화는 통화가 될 수 없다", "중앙에 관리자가 부재한데 통화로 성립할 수가 없다", "통화의 정의에서 벗어난다" 같은 주장이다. '통화'라는 말이 붙어 있어 까다롭지만, 가상통화와 법정통화는 전혀 다른 시스템에서 운용되기 때문에 기존 법정통화를 기준으로 가상통화를 논하는 것은 의미가 없다. 말하자면 거울의 세계라고 할까. 얼핏 비슷해 보이지만 반대 규칙이 적용되고 있어 같은 틀에 적용할 수 없다.

나도 기존 경제와 가상통화 같은 새로운 경제 이야기를 할 때 '이쪽'과 '저쪽'이라는 식으로 구분해두고 머릿속에서 스위치를 전환하고 있다. 이 둘을 같은 틀에서 생각하기 십상이라, 명확히 구별하지 않으면 눈앞에서 일어나는 일을 올바로 인식할 수 없다.

무언가 새로운 것이 나왔을 때 업계에서 통용되는 지식에 투영하여 바라보는 경향이 있다. 가상통화도 기존 금융업계 사람일수록 이해하기 어렵고, 사전 지식이 전혀 없는 젊은이나 일반인이 더 자연스럽게 받아들여 능숙하게 이용한다. 기존 금융 지식이 있는 사람은 가상통화나 블록체인을 완전히 새로운 규칙에 따라 돌아가는 새로운 시스템으로 인식할 필요가 있다.

05

경제란
'욕망의 네트워크'이다

나중에 경제체제를 만드는 방법을 이야기하겠지만, 먼저
이 시스템을 파악할 필요가 있다. 나는 사업을 하면서 계
속 연구해왔다. 먼저 내가 무엇을 하고 있는지 간단히 소
개하겠다. 나는 주식회사 미탭스라는 회사를 경영하고
있고 주로 세 가지 사업을 하고 있다.

첫째, 빅데이터를 해석하고 활용해 기업의 마케팅을
지원하는 사업이다. 의뢰인의 애플리케이션 이용자나 전
자상거래 사이트의 사용자 데이터를 해석함으로써 사
람들이 서비스를 어떻게 이용하고 있는지, 또 무엇을 추
가하면 더 활발히 이용할지를 분석하다. 이를 바탕으로

다양한 제안을 내놓아 함께 매출을 늘려나가는 사업이다. 중국, 한국, 싱가포르 등지에도 거점을 두고 전 세계의 애플리케이션 개발자에게 서비스를 제공해왔다. 지금까지 2억 명 이상의 스마트폰 이용자의 행동을 분석하고 연간 수천억 엔 이상의 구매 행동 데이터를 해석했다. 세계에서 가장 많은 매출을 올린 애플리케이션 제작사도 우리의 고객이다.

둘째, 온라인 거래를 중개하는 인터넷 결제 사업이다. 인터넷에서 물건을 살 때 사용하는 신용카드나 편의점 결제 관련한 인프라를 지원하고 있다. 연간 수천억 엔 규모의 돈이 오가는 사업이다. 눈에 띄지 않지만 사람들이 가상통화 거래소에서 비트코인 등을 구입할 때 입금이나 결제 단계에서 우리 서비스를 이용하는 경우가 많다.

셋째, 앞에서 말한 두 가지 사업에서 얻은 지식을 활용하여 일반 소비자에게 서비스를 제공하는 사업이다. 나중에 설명할 텐데, 시간을 매매할 수 있는 애플리케이션 '타임뱅크'가 여기에 해당하다. 이외에도 연구 개발 부문에서 여러 데이터를 모아 다양한 각도에서 분석하고 있다. 이러한 지식을 바탕으로, 사람은 왜 상품을 구입하고 돈을 지불하는가, 인기 있는 서비스의 특징은 무엇인가를 연구해왔다.

대학의 연구실과 달리 인터넷 회사를 경영할 때 좋은 점은 사업이나 서비스를 통해 방대한 데이터를 접하고 실시간으로 가설을 검증할 수 있다는 것이다. 가설이 옳으면 서비스가 급성장하고 틀리면 곧바로 무너진다.

나는 사업가이기 때문에 실무에서 구현할 수 없다면 제대로 '이해했다'고 할 수 없다고 생각한다. 시험에서 100점을 맞고 학계의 권위자가 되었다 해도 실제 현장에서 활용할 수 없다면 무슨 의미가 있겠는가. 실제 사업과 업무에서 능숙하게 구사해야 비로소 이해했다 할 수 있고 이를 통해 성과를 내야 한다. 탁상공론은 아무 짝에도 쓸모없다.

우리는 수억 명의 행동 데이터와 돈의 흐름을 분석하고 보편적인 메커니즘을 탐구해 가설을 세워 사업에서 시험하고 검증을 되풀이하며 이론을 다듬어왔다. 그러자 서로 무관해 보였던 다양한 서비스와 시장, 조직의 밑바탕에 공통 시스템이 숨어 있다는 사실을 알았다. 놀랍게도 다양한 규모와 영역에 적용할 수 있는 시스템이었다.

여기서 발견한 경제의 특징과 메커니즘을 구체적인 예를 들어가며 설명한다.

경제는 네트워크다. 개인과 개인이 연결되어 거대한 네트워크를 형성하고 이를 기반으로 돈이 흘러간다. 이 네트워크를 구성하는 인간은 욕망과 욕구에 따라 움직이고, 경제는 이를 축으로 굴러가는 보상(보상)의 네트워크이다. 시대에 따라 인간의 욕망은 미묘하게 변해간다. 필자 나름대로 현대 사회의 욕망을 구분한다면 ① 본능적 욕구 ② 금전 욕구 ③ 인정 욕구, 이 셋으로 나눌 수 있다.

① **본능적 욕구.** 의식주 충족, 이성에 대한 관심, 가족에 대한 애정 같은 동물의 근원적인 욕구이다.

② **금전 욕구.** 말 그대로 돈을 벌고 싶은 욕구이다.

③ **인정 욕구.** 사회에서 인정받고 싶어 하는 욕구이다.

본능적 욕구에 비하면 금전 욕구나 인정 욕구는 비교적 근래에 나타났다.

경제는 사람과 사람의 관계가 끊어지거나 새롭게 이어지는 등 네트워크 전체가 재편성을 되풀이하며 유동적이다. 이런 네트워크에는 공통된 특징이 둘 있는데 ① 극단적인 치우침 ② 불안정성과 불확실성이다.

① **극단적인 치우침.** 욕망의 역동적인 네트워크인 경제에는 '치우침'이 생기게 마련이다. 우리는 뭔가를 선택할 때 다른 사람들의 선호를 따르는 경향이 있다. 편의점에서 가루치약 하나를 살 때도, 애플리케이션을 고를 때도, 많은 사람들이 구입하는 것을 선택하면 실패할 확률이 낮기 때문이다. 가게에서도 잘 팔리는 상품 위주로 물건을 들여놓아 눈에 잘 띄는 곳에 진열한다. 그러면 상품이 더욱 잘 팔리고 이른바 선순환이 이루어진다. 인기 있는 사람이 매력을 추가해 더욱 인기 있는 사람이 되는 식이다. 결과적으로 상위와 하위에는 엄청난 치우침(불평등)이 발생한다. 일반적으로 파레토의 법칙(상위 20퍼센트가 전체의 80퍼센트를 떠받치는 시스템)이라고도 불리는데, 경제와 같은 동적인 네트워크에서는 자연스럽게 발생하는 현상 가운데 하나이다.

경제에서 나타나는 불평등은 힘 있는 사람들이 폭리를 취한 결과라고 생각하는 사람들도 있지만, 이는 사실은

❶ 극단적인 치우침
가지가 많은 연결점일수록 더욱 많은 가지와 연결되기 쉬워서 극단적인 치우침이 발생한다.

❷ 불안정성과 불확실성
사소한 사건이 네트워크 전체에 영향을 주어 전체가 항상 불안정하고 불확실한 상태가 된다.

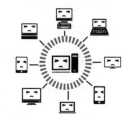

동적 네트워크의 특징

동적인 네트워크에서는 피할 수 없는 현상이다. 세계 경제에서 상위 1퍼센트의 부유층이 전체 부의 48퍼센트를 소유하고 '상위 80명'과 '하위 35억 명'의 소득이 거의 같다고 한다. 소득뿐만 아니라 소비에서도 마찬가지이다. 소셜 게임에서는 이 법칙이 꼭 들어맞는다. 무료 게임이라면 전체의 3퍼센트가 돈을 지불하고, 이중에서 상위 10퍼센트가 전체 매출의 50퍼센트를 차지하는(전체의 0.3퍼센트가 총매출의 절반을 차지하는) 것이다.

② **불안정성과 불확실성.** 이는 치우침이라는 성격과 관련이 있는데, 동적 네트워크의 또 다른 특징이 바로 불안정성과 불확실성의 증대이다. 전체가 너무나 긴밀히 연결되고 상호작용하는 상태에서는 치우치는 성질과 더불어 사소한 사건이 전체에 미치는 영향을 예측하기가 어려워 불안정 상태에 빠진다.

100년 전이라면 미국에서 일어난 사건이 우리 생활에 실시간으로 영향을 미치는 일은 있을 수 없다. 오늘날에는 영국의 유럽연합 탈퇴나 미국 대통령 선거에 의해 전 세계의 환율과 시장이 어지럽게 움직여 경제는 항상 불확실하고 불안정한 상태에 노출된다. '너무 긴밀히 연결된 세계'의 폐해라고 할 수 있다.

06

MONEY 2.0
경제체제의 조건

지금까지 내가 사업을 하면서 알게 된 경제의 특징을 간 단히 설명했다. 경제란 간단히 말해 '인간이 자신의 활동 을 원활히 하기 위해 형성한 시스템'이다. 그중 한 가지 형태가 현대의 화폐경제와 자유시장경제이다.

경제라고 하면, 정치인이나 학자들이나 논의하는 어려 운 문제라고 생각하는 경향이 있다. 하지만 세 사람 이상 이 모여 먹고살기 위한 활동을 한다면 반드시 경제 요소 가 들어온다. 예컨대 생산 활동을 하기 위해 많은 사람들 이 모여 있는 '기업', 엔지니어가 만드는 '웹 서비스', 동 네 사람들이 모여 북적거리는 '상가', 대학생이 운영하는

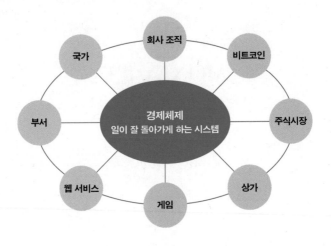

경제체제의 사례

'동아리'에 이르기까지 이름은 다르지만 하나하나가 작은 경제체제라고 할 수 있다. 누구나 인터넷에서 서비스를 만들어 팔고 전 세계인이 이를 사용하는 시대가 된 지금, 경제는 '독해하는 대상'에서 '만들어가는 대상'으로 변화하고 있다.

세계의 비극이나 불행은 악인의 비행보다 잘못된 사회 시스템 때문에 일어나는 경우가 더 많다. 매일 목도하는 숱한 비효율이나 불행을 최소화하려면 일을 수월하게 풀어가는 데 필요한 시스템을 이해하고 뭔가를 새롭게 만들어내는 사람들이 이를 능숙하게 구사하도록 해야 한다. 그러자면 날것의 데이터를 활용하여 실생활에서 사용할 수 있는 '살아 있는 노하우'로 구현할 필요가 있다. 이러한 고찰에 입각하여 실생활에 응용하기 위해 쌓아둔 '살아 있는 노하우'를 소개하겠다. 사장이나 지도자라면 조직을 잘 운영하는 방법, 프로듀서라면 좋은 서비스를 만드는 방법, 사업을 개발하고 경영을 기획하는 사람이라면 플랫폼 전략의 노하우라고 할 수 있겠다. 노하우라고 해도 단순한 기술이나 잔재주가 아니라 보편적인 법칙이다. 어느 분야에도 응용할 수 있기 때문에 자신이 관여하는 생산 활동에 적용해보면 흥미로울 것이다.

여기서는 일단 '원활한 생산 활동 시스템'을 '생산 체제'라 부르기로 하겠다. '경제체제'는 스스로 발전하고 확산되는 시스템이 자리 잡아야 한다. 특정한 사람이 필사적으로 겨우 지탱하고 있는 시스템은 오래가지 못한다. 잘 만들어진 기업이나 서비스는 개인에게 의존하지 않고 시스템에 기반을 두고 움직인다. 페이스북도 마크 저커버그가 분발하여 사람을 계속 불러들였기 때문이 아니라 '사람이 사람을 부르는 시스템'이 잘 만들어져 있어서 성공했다. 지속적이고 자동적으로 발전해가는 이런 '경제체제'에는 어떤 요소가 있는가. 바로 ① 인센티브 ② 실시간 ③ 불확실성 ④ 서열 관계 ⑤ 소통, 이렇게 다섯 가지이다.

① **보상이 명확하다(인센티브).** 경제체제이기 때문에 당연히 참여자에게 보상이나 분명한 이득이 없으면 굴러갈 수가 없다. 사실 이 요소가 빠져 있어 실패하는 경우가 가장 많다. '훌륭하지만 적극적으로 참여하고 싶은 마음은 없다'는 말이 나올 경우 이 보상 설계가 빠져 있는 것이다.

보상에는 인간의 동물적인 욕망(의식주나 자손을 남기고 싶은 욕망)이나 사회적 욕망(금전 욕망, 인정 욕망, 경쟁 욕망)을 채워주는 것이 있고 여러 욕망이 뒤섞여 있는 경우도 있다. 오늘날에는 동물적 욕망보다는 사회적 욕망이 두드러지는데, 특히 돈을 벌고 싶다, 인기를 얻고 싶다, 인정받고 싶다는 이 세 가지 욕망이 강하여 이를 채워주는 체제가 급속히 발전한다.

② **시간에 따라 변화한다(실시간).** 시간에 따라 항상 변하는 요소도 필요하다. 항상 상황이 변한다는 사실을 참여자가 알고 있어야 한다. 인간(동물)은 변화가 심한 환경에서는 긴장감을 유지하며 집중하여 활동할 수 있다. 반대로 내일도 모레도 변화가 전혀 없는 환경에서 생활하면 긴장도 노력도 필요 없어서 활력을 잃게 된다.

③ **운과 실력이라는 요소가 다 있다(불확실성).** 나아가 경제체제에서는 불확실한 요소가 있으면 더 활기를 띠게 된다. 예컨대 누구나 미래를 정확히 예측할 수 있어 요람에서 무덤까지 어떻게 살아갈지를 안다면 필사적으로 살고 싶어질까? 영화도 처음부터 결말을 알고 본다면 흥이 깨지게 마련이다. 인간은 생존 확률을 높이기 위해 최대한 불확실성을 없애려고 노력하지만, 한편으로 불확실성이 전혀 없는 세계에서는 상상력을 불러일으켜 뭔가에 적극적으로 몰두할 의욕을 잃어버리고 만다. 자신의 사고와 노력으로 통제할 수 있는 '실력'과 도저히 어찌할 수 없는 '운'이라는 요소가 적절한 비율로 섞여 있는 환경에서 지속적인 발전을 기대할 수 있다.

④ **질서를 분명히 드러낸다(서열 관계).** 서열이라고 하면 부정적인 느낌을 주지만, 지속적으로 발전하는 '경제체제'를 만들려면 분명한 질서가 잡혀 있어야 한다. 실제로 사회에 널리 확산된 경제체제는 예외 없이 서열이 명확한 지표 역할을 한다. 우리가 사는 세상은 연봉, 매출, 가격, 순위 혹은 신분이나 직함 같은 유무형의 기준에 의해 질서가 잡혀 있다. '경제'는 실물이 없는, 참여자의 상상 속에 존재하는 '개념'에 지나지 않기에 눈에 보이는 지표가 없으면 참여자는 자신이 어디에 서 있는지를 알 수 없다. 또한 지표가 있으면 자신과 타인의 거리감이나 관계성을 파악하기 쉬워진다.

한편, 서열 관계도 장기간 고착되면 ② 실시간(시간에 따른 변화)과 ③ 불확실성(운과 실력의 요소)이 상실되어 활기를 잃어버리게 되니, 양날의 검이다. 당연히 우월한 지위에 오른 자는 자기 몫을 지키려고 하기 때문에 신진대사를 강제하는 시스템을 만들어둘 필요가 있다.

⑤ **참여자가 교류하는 장이 있다(소통).** 마지막으로 중요한 것이 '경제체제'에 참여자가 서로 소통하는 기회

가 있다는 점이다. 인간은 사회적 동물이기 때문에 타인과 관계를 맺음으로써 자신의 존재를 확인한다. 참여자끼리 교류하며 서로 돕고 의논하고 공감하는 장이 있어야 전체가 하나의 공동체임을 인식할 수 있다.

이러한 소통의 공간을 통해 문제가 있다면 각자 아이디어를 내서 해결하고, 혼자서는 할 수 없는 일도 힘을 합쳐 해낼 수 있게 된다. 이런 소통의 요소가 체제 전체를 통합하는 접착제 기능을 하게 된다. 고대 로마의 '포럼'이나 고대 그리스의 '아고라' 같은 도시의 공공 광장이 정치적, 종교적으로 중요한 역할을 수행한 바 있다. 웹 서비스나 애플리케이션 등을 만들 때도 사용자끼리 의견을 주고받는 시스템이 친숙하게 자리 잡게 된다. 회사 운영이나 학교 교육에서도 참여자가 끊임없이 소통할 수 있도록 모임이나 행사가 마련돼 있는 경우가 많다.

07

경제체제를
지속시키는 힘

안정성과 지속성을 생각하면, ① 수명 ② 공동 환상 두 가지 요소를 도입할 필요가 있다. 이상하게 들릴지 모르지만, '경제체제'를 오래 지속시키고 싶다면 수명을 고려하되 가능한 한 오래가게 할 방법을 고려해두는 것이 중요하다.

① **경제체제의 '수명'을 미리 고려한다.** 우리의 신체나 자동차, 컴퓨터와 마찬가지로 영원히 완벽하게 기능하는 경제체제는 있을 수가 없다. 왜냐하면 경제체제는 수십 년, 수백 년 운영됨으로써 계층의 고착화라는 '정체' 상태가 일어나고 이를 피할 수 없기 때문이다. 경제

는 인기투표를 수백만 번 되풀이하는 것과 같아서 시간이 흐를수록 특정한 사람에게 이익이 집중되는 것은 필연적이다. 이런 작용으로 인해 불평등이 생긴다. 오랫동안 운영됨으로써 특정한 계층이 보통 사람들보다 훨씬 많은 이익을 차지하는 구조가 자리 잡으면 당연히 새로운 체제의 탄생을 요구하는 목소리가 높아진다. 또한 인간은 '싫증'을 내기 마련이라 별 불만이 없다고 해도 환경을 바꾸고 싶어진다. 처음부터 완벽한 체제를 만들려고 하지 말고 언젠가는 수명이 다한다는 점을 전제하여 때가 되면 참여자가 다른 체제로 이동할 수 있는 선택지를 여러 개 준비해둠으로써 안정된 경제체제를 만들 수 있게 된다.

예를 들어 비즈니스에서 플랫폼 전략을 생각할 때 이 수명 개념을 자주 언급한다. 페이스북은 젊은 사용자가 떠날 것을 상정하여 와츠앱과 인스타그램을 인수했다. 사용자가 싫증을 내더라도 다른 서비스를 제공해 계속 붙들어두려고 한 것이다. 야후나 라쿠텐 같은 대형 IT 기업도 특정한 서비스가 싫증나면 자사의 다른 서비스로 옮겨가도록 설계하고 있다. 또한 외식 체인점도 손님이

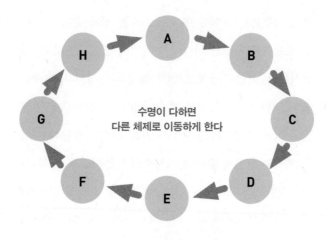

수명이 다하면
다른 체제로 이동하게 한다

경제체제의 공동 환상 요소

싫증내는 상황을 염두에 두고 패밀리레스토랑에서 중화
요리까지 다양한 점포를 미리 마련한다.

② **공동 환상을 가지면 조직이 쉽게 흔들리지 않는다.**
영원히 계속되는 완벽한 경제체제는 없다. 하지만 가능
한 한 오래가게 할 수는 있다. '공동 환상', 즉 참여자 전
원이 같은 사상이나 가치관을 공유하는 것이다. 오해를
무릅쓰고 말하자면, '참여자가 공동의 환상을 품고 있는
경우' 체제의 수명은 비약적으로 늘어난다. 국가라면 윤

리와 문화, 조직이나 서비스라면 이념과 미학이 공동의 환상에 해당한다.

경제에서는 참여자 전원이 이익을 공유하는 집단의 구성원이라 해도 서로 경쟁하는 라이벌이기도 하다. 당연히 그중에는 교활한 짓을 하는 사람도 있고, 제멋대로 행동하는 사람도 있다. 내버려두면 '먼저 챙긴 놈이 임자'라는 관행이 퍼져 질서를 잃게 된다. 곧 불만을 품고 있는 참여자가 이탈하고 서서히 등을 돌리는 사람이 늘어나 붕괴에 이른다. 다만 경쟁하는 참여자가 같은 사상이나 가치관을 공유한다면 서로 양보할 수 있는 타협점을 발견할 가능성이 높아진다.

예전에 위기에 빠진 애플로 돌아온 스티브 잡스는 다시 애플의 '브랜드'에 초점을 모았다. 당시 애플 제품은 악명 높았지만, 애플의 가치관이나 미의식에 공감하는 열렬한 팬들이 있어 결점이 있어도 계속 구입해주었다. 보통 제품이 좋지 못하면 사용자는 절대 돌아오지 않지만, 가치관에 공감하면 기다려주고 돌아오기도 한다. 이런 열혈 마니아가 있어 애플은 도산을 면할 수 있었다. 이처럼 가치관을 공유하면 알력이 있어도 서로 양보할

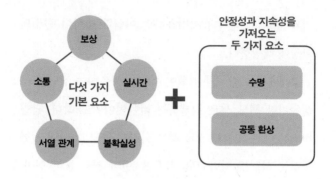

보상

소통   다섯 가지   실시간
        기본 요소

서열 관계   불확실성

+

안정성과 지속성을
가져오는
두 가지 요소

수명

공동 환상

경제체제의 기본 요소

수 있기 때문에 결과적으로 이해(利害)관계만으로 연결된 체제보다 훨씬 오래간다.

여기서 굳이 '환상'이라고 표현한 이유는 절대적으로 옳은 가치관은 존재하지 않으며 시대 흐름에 따라 변하기 때문이다. 구성원 모두 무언가에 가치를 부여하면 실제로 가치가 발생하다. 그래서 공동 환상을 품으면 체제가 저절로 강화된다.

소통이 탄력성 있는 접착제라면, 세대를 뛰어넘어 계승되는 공동 환상은 사물을 순간적으로 동결해버리는 액체질소라고 할 수 있다. 반대로 '세계를 바꾸는 일'이란 오래되어 굳은 사회의 공동 환상을 파괴하고 새로운 환상을 덮어씌우는 행위이다. 국가, 통화, 종교, 편찻값, 학력, 연봉, 자산, 윤리, 권리 같은 우리의 정신이나 행동을 묶는 개념은 대부분 만들어진 환상인데 시간이 지나면 효력이 떨어지고 또 다른 환상이 탄생하여 새로운 가치 판단의 기준이 되어간다.

08

비트코인의 보상 설계에
주목하라

비트코인은 이러한 요소를 잘 도입했다. 비트코인 하면 자유의지론자(libertarian)에 기반한 사상이나 블록체인 같은 기술이 주목을 받는 경향이 있다. 하지만 나는 비트코인의 보상 설계를 보고 깜짝 놀랐다.

프리드리히 하이에크나 실비오 게젤 등의 사상은 이미 알려져 있었고, 분야는 다르지만 P2P나 암호 기술도 새로운 것은 아니다. 자유주의 경제학자 하이에크는 '화폐 발행 자유화론'을 발표하여 실물경제에 나쁜 영향을 미치기 때문에 국가는 중앙은행을 내세워 통화를 통제하면 안 된다고 주장했다. 오늘날에는 생각할 수 없는 일이지만, 당시에는 국가가 통화를 통제하는 것이 상식이 아니었음을 알 수 있다. 하이에크는 시장 원리에 따라 경쟁함으로써 건전하고 안정된 통화가 발전한다고 생각했다. 경제학도라면 비트코인에 하이에크의 이런 사상이 체현돼 있다고 생각할지 모르겠다. 하이에크는 오스트리아의 빈에서 태어난 학자로, 경제학·정치학·철학 등에 정통한 다재다능한 인물이며 노벨경제학상을 수상했다. 전체주의나 계획경제처럼 국가가 경제나 사회를 계획하고 통제할 수 있다는 발상은 인간의 오만에 지나지 않는다고 주장하며 자유주의를 지지했다.

또한 독일 경제학자 게젤은 《자연스러운 경제 질서》라는 저서에서 자연계의 모든 것이 시간의 흐름과 함께 가치가 줄어드는데 통화만은 가치가 줄어들기는커녕 금리에 의해 늘어난다는 사실을 지적하며 이는 문제가 있다고 주장했다. 그리고 이런 병폐를 해결하기 위해 가치가 시간과 함께 줄어드는 자유화폐(스탬프 화폐)를 고안해냈다. 일정 기간 동안 지폐에 일정액의 스탬프를 찍지 않으면 지폐를 사용할 수 없게 되는 방식인데, 바로 이자와 정반대되는 개념을 도입한 것이다. 이로써 통화 정체를 막고 강제로 경제의 신진대사를 촉진할 수 있다. 접근 방식은 달라도 토마 피케티가 제안한, 자산 소유 자체에 세금을 부과해야 한다는 자산세에 가까운 개념이다.

다만 비트코인이 학술적인 사상이나 흔한 신기술과 다른 것은 이 경제체제에 참여하는 사람들이 무엇을 하면 어떤 이익을 얻게 되는가를 알 수 있다는 점이다. 다시 말해 보상이 명확하게 설계되어 있다. 채굴자나 투자자(투기꾼)를 '이익'을 내세워 끌어들이고 블록체인 같은 '테크놀로지'로 기술자의 흥미를 유발하며 '자유의지론에 입각한 사상'으로 대중의 관심을 불러모아 체제를 강화하고 있다.

보상을 지나치게 강조하여 붕괴해가는 금융시장이나 누가 이득을 보는지 알 수 없는 신기술, 이론의 정합성에만 매달리는 탁상공론에 불과한 학술 논문 등은 세상에 나왔다가 소멸해가는 시대의 소모품이다. 그러나 비트코인은 경제 · 테크놀로지 · 사상이 각자의 역할을 수행하는 시스템으로 보상 설계가 잘 되어 있다. 게다가 오픈소스를 채택해 만약 비트코인이 쓸모가 없어져도 참여자가 알트코인을 비롯한 대안을 선택하기 쉽게 되어 있다. 결과적으로 문턱을 낮춰 위험을 분산하고 가상통화 전체가 참여하는 안정된 시장을 형성하고 있다.

그러므로 비트코인이라는 아이디어를 떠올려 제안한 사람은 '이상주의자'가 아니라 현실에서 작동하는 통화를 만들고 싶어 하는 '현실주의자'일 것이다. 기술과 사상, 보상 설계를 효과적으로 이용해 보급하고 자기 손으로 새로운 체제를 만들어 퍼뜨리는 것을 중시하고 있다(마치 제품을 만드는 엔지니어처럼). 나는 깔끔한 학술 논문에는 없는 현실주의자의 '당찬 기세'를 느꼈으며, 너무나 잘 만들어져 있어 무심코 질투를 느꼈을 정도였다.

09

세계적 기업의
보상 시스템

강고한 경제체제를 만드는 데 필요한 다섯 가지 요소
(추가로 두 가지를 더)를 소개했는데, 이야기가 추상적으로
흘렀기 때문에 지금부터는 구체적인 예를 들어가며 설명
하려고 한다. 이는 회사에 적용하면 '조직관리론'이 되고,
서비스에 적용하면 '플랫폼 전략'이나 '커뮤니티 전략'이
될 것이다. 모두 이름만 다를 뿐 원리는 같기 때문에 밑
바탕에 깔린 보편적인 메커니즘을 아는 것이 중요하다.

지금까지는 회사나 제품을 만들 때 이런 경제적 사고
를 도입할 필요가 없었다. 개별 상품이 모두 명확한 목적
과 수요에 따라 만들어졌기 때문에 복잡한 경제 메커니

즘을 굳이 도입할 이유가 없었다. 하지만 IT화나 글로벌화의 흐름을 타고 세계는 점점 복잡해지고 자본주의가 발달함에 따라 상품과 서비스가 포화되면 단순히 수요만을 고려할 경우 공급 과잉에 빠져 경제체제가 온전히 굴러갈 수가 없다.

많은 사람들에게 가장 친숙하고 기존 자본주의 경제와 밀접하게 관련된 조직으로 '회사'를 들 수 있다. 회사는 수많은 개인으로 구성되는 집합체로, 개인 개인이 힘을 모아 하나의 목표를 향해 움직이며 급여를 받는다. '급여'라는 알기 쉬운 보상이 준비된 전형적인 경제체제이다.

일찍이 회사는 그저 효율적인 생산 활동을 하기 위해 만들어진 조직이었다. 하지만 자본주의사회가 발전하는 과정에서 생산 활동 이상의 사회적인 역할을 담당하게 되었고, 노동자들도 회사에 급여뿐만 아니라 보람과 안정성까지 요구하게 되었다. 이제는 직원들이 얼마나 기분 좋게 의욕을 갖고 기꺼이 일하는 '환경'을 마련할 수 있는가, 바꿔 말하면 얼마나 '조직 설계'가 중요해졌다. 앞에서 말한 경제체제의 요소를 도입해 설명해보겠다.

① **명확한 보상이 준비되어 있는가.** 원래 회사는 노동력 제공에 대한 대가로 급여를 준비함으로써 최소한의 보상 설계를 마련해두었다. 하지만 이제는 돈이 다가 아니다. 자신이 이 회사에서 일함으로써 사회적 인정을 받을 수 있는가, 또 젊은 층이라면 이성에게 좋은 평가를 받을 수 있는가 등도 중요해진다.

회사 내부에서도 마찬가지이다. '동료나 상사에게 인정받고 있는가', '좋은 평가를 받고 있는가', '물질적인 보상뿐만 아니라 정신적인 보상이 주어지고 있는가', 이에 대한 설계도 무척 중요하다.

② **시장이 성장하고 변화가 심하여 예측할 수 없는 일이 매일 일어나는 직장 환경인가.** 자신의 노력이나 판단으로 남다른 성과를 낼 수 있는 환경에서는 긴장감과 자극을 느끼며 일하는 사람이 늘 것이다.

③ **불확실성이 강해서 회사가 늘 활기를 띠는가.** 투자은행이나 미디어, IT 업계 등은 변화가 심하고 예측이 어려워 사실 아무것도 하지 않아도 이런 환경이 조성된다.

④ **서열 관계가 명확한가.** 노력을 하든 안 하든 급여나 대우에 차이가 나지 않으면 당연히 열심히 일하려는 사람은 없을 것이다. 성과에 따른 급여나 등급은 이 '서열 관계의 가시화'라는 역할을 수행한다.

흔히 영업이나 매출 액수가 중요한 회사의 사무실 벽에는 목표, 달성 액수, 개인별 실적 등이 수치로 표시되고 매일 매일(경우에 따라서는 실시간으로) 갱신된다. 평범해 보이지만 이는 굉장히 효과적인 방법이다. 모든 사원이 명확한 수치로 표시되는 서열을 의식함으로써 마음을 다잡고 의욕을 북돋게 된다.

⑤ **소통이 잘되고 있는가.** 이는 인사 분야에서 특히 중시하는 일이다. 부서의 회식이나 회사의 각종 모임에 참석하기를 귀찮아하는 사람도 많다. 하지만 조직에서는 이런 만남의 장이 사실 중요하다. 업무와 관계없는 이야기라도 나누어 서로 사이가 좋아지면 막상 일을 할 때 말썽이 생기거나 고민이 있을 때도 가벼운 마음으로 말을 걸고 협력할 수 있다. 사원들 사이에 교류할 기회가 늘어날수록 같은 기업에 몸담고 있다는 일체감이 커진다. 나

도 경영을 하면서, 언뜻 의미 없어 보이는 시간을 함께 보낸 사람일수록 나중에 깊은 관계를 맺기 쉽다는 사실을 깨달았다.

플러스알파 요소로서 공동 환상을 들었는데, 이를 회사에 적용하면 비전이나 경영 이념에 해당한다. 회사가 무엇을 지향하고 무엇을 믿고 무엇이 옳다고 생각하는지를 선언하는 것이 비전이나 이념이다. 함께 일하는 구성원의 이념의 같으면 회사는 일체감을 갖고 움직일 수 있고, 다소 말썽이 일어나도 서로 이해할 수 있기 때문에 모래알처럼 흩어질 가능성은 현저히 낮아진다. 회사의 울타리를 벗어나 거래처나 소비자도 회사의 이념에 공감할 경우 어떤 문제가 일어나도 협력할 가능성이 크다.

독자가 매력적이라고 생각하는 기업을 떠올려보면 이런 요소를 여럿 갖춘 회사가 많을 것이다. 디즈니, 코카콜라, 구글, 애플 같은 글로벌 기업은 일하는 사람들에게 높은 수준의 급여를 지급하고 사회적 보상을 주며 끊임없이 변화를 추구하고 직무나 목표와 관련한 질서를 또렷이 드러내고 구성원에게 명확한 이념을 부여하는 데

많은 노력을 기울이고 있다. 요컨대 오늘날 경영자는 이 다섯 가지 요소를 이해하고 수준 높은 '경제체제'를 만드는 전문가가 되어야만 한다.

10

페이스북이 타임라인에서
발견한 것

선진국에서는 물건이나 서비스가 흘러넘치고 있다. 기본적인 의식주가 충족되어 상품이 잘 팔리지 않는다고들 한다. 사람들의 욕망은 물질이 아니라 정신의 영역으로 옮겨가고 있다. 이런 상황에서 소비자가 열광할 수 있는 상품이나 서비스를 만들기 위해서는 그들의 욕망을 잘 살펴보아야 한다. 그리고 제품이나 서비스를 만드는 사람은 제품을 축으로 하는 경제권을 설계해둘 필요가 있다.

의식주 같은 근원적인 욕망을 충족하기 위한 서비스에 더해 사회적인 욕망을 충족하는 요소를 추가하면 이용자의 반응은 완전히 달라진다. 사회적인 욕망이란 금전 욕구, 인정 욕구 등이다. 페이스북이나 트위터, 인스타그램 등의 SNS는 돈을 직접 주고받는 서비스가 아니어서 빨리 이해하기 어렵지만 굉장히 잘 만들어진 경제체제이다. '좋아요'나 'RT'는, SNS라는 경제 안에서 '금전'이 아니라 '인정'이라는 욕구를 충족하는 장치이고, 이용자 사이에서 '통화' 역할을 하고 있다. 확산에 의해 늘어나는 팔로어는 저금처럼 모아가는 '자산'에 가깝다.

SNS의 타임라인은 실시간으로 내용이 변하고 볼 때마다 새로운 정보가 날아든다. 또한 자신이 올리는 글이 어떤 반응을 일으킬지 알기 어려운 불확실성이 있고, 비판을 받거나 악플이 쇄도할 '위험성'도 있다. '좋아요', '팔로어', '시청자' 등 다양한 지표가 숫자로 표시되어 타인과 비교할 수 있고 업계나 취미에 따른 서열도 명확히 제시된다. 물론 언제든 이용자끼리 서로 상담하고 의논할 수 있다. SNS는 앞에서 소개한 경제체제에 필요한 다섯 가지 요소를 완벽하게 확보하고 있다.

이런 욕망의 시스템을 이해하고 페이스북이나 트위터

를 만들지는 않았을 것이다. 실제로 페이스북은 처음에 대학생이 자신의 프로필을 올리는 사이트에 지나지 않았다. 저커버그나 경영진이 훌륭한 점은, 사람들이 무엇을 바라고 어떤 욕망을 갖고 있는지를 데이터를 보며 계속 살폈다는 점이다. 그들은 표면적인 반응이나 세상의 편견에 현혹되지 않았다. 이용자의 반응을 보며 새로운 기능을 빠르게 추가하고 반응이 나쁘면 곧바로 기능을 없애며 업데이트를 되풀이했다. 이런 과정에서 타임라인이나 '좋아요!', 공유, 채팅 기능 등을 통해 이용자 자신도 모르는 욕망을 이해해나갔다.

페이스북이 이용자 수를 크게 늘린, 이른바 킬러 애플리케이션(Killer Application)은 '사진'이다. 타임라인에 사진을 올렸을 때 이용자의 반응은 텍스트의 경우와는 전혀 달랐다. 2012년 페이스북은, '사원 열세 명에 매출이 거의 제로'인 사진 공유 애플리케이션 '인스타그램'을 800억 엔에 인수한다. 금융 관계자라면 너무 비싸게 사들였다고 볼 수 있지만, 지난 경험을 통해 사진이 킬러 애플리케이션임을 이해하고 있던 저커버그였기에 위험성을 감수할 수 있었다. 2017년 현재 인스타그램은 월간 이용자 수 8억 명을 넘어 트위터를 상회하는 세계적인 소셜 미디어로 성장했고 기업 가치는 6조 엔이 넘는다.

성공하는 서비스를 생각하는 사람은 의식주 같은 생리적 욕구에 더해 사회적 욕구를 자극하는 요소를 도입할 수 있느냐를 생각해보아야 한다. 또한 실시간 서비스를 제공할 순 없다 해도 매일, 매주, 매월 변화하는 기획이 있으면 이용자는 해당 서비스의 변화가 궁금해져 몇번이고 방문할 가능성이 높아진다. 서비스를 이용하는 사람끼리 소통할 수 있는 장소나 공간이 있으면 더 좋다. 웹 서비스라면 그룹이나 채팅, 코멘트 등의 기능이고, 오프라인이라면 감사제나 이벤트 같은 행사이다.

특히 서비스의 발전에 공헌한 이용자는 '특별 대우'를 하고 이를 이용자들 사이에 분명히 드러내주어야 한다. 충성심을 갖고 이용해온 사람이 그렇지 않은 일반 사용자와 같은 대우를 받으면 서비스에 대한 열광과 애정이 식어버릴 것이다. 공헌도에 따라 차별화되는 서비스와 할인 등을 준비하고 서열 관계를 만들어놓는다. 온라인 서비스라면 '랭킹'이고, 오프라인 서비스라면 '골드 회원' 같은 서비스이다. 이리하여 서비스를 축으로 하고 이용자를 모집단으로 하여 하나의 경제체제를 형성한다. 서비스가 성장함으로써 이용자도 이득을 얻고, 이용자가 이득을 얻음으로써 서비스도 성장하는 시너지 시스템을 정성껏 구축하여 공생하는 관계를 만들어나간다.

서비스의 차별화가 어려워졌다고 해도 서비스를 축으로 형성된 경제권이 경쟁 우위를 보이며 계속 성장하게 된다. 빛의 속도로 정보가 전달되는 세상에서 모방은 너무나 쉬운 일이다. 새로운 아이디어도 한순간에 도용당한다. 다만 충성도 높은 고객이 지탱하는 경제체제는 쉽게 흉내 낼 수 없고 절대 똑같이 만들 수도 없다. 제품이나 아이디어로 승부하는 시대에서 이용자나 고객까지 끌어들인 경제체제 전체를 통해 경쟁하는 시대로 바뀌었다.

11

샤오미가 만든
상품 이상의 가치

페이스북과 달리 직접 상품을 만드는 제조업체 중에 이 경제체제 사고를 도입하여 크게 성공한 기업이 있다. '샤오미'라는 중국의 휴대전화 제조사이다. 샤오미는 유명한 IT 기업으로 레이쥔이 2010년에 설립했다. 레이쥔은 중국의 대형 소프트웨어 업체였던 킹소프트의 CEO를 역임한 인물이다. 샤오미는 휴대전화를 비롯한 각종 단말기를 만드는 기업이면서도 CEO가 소프트웨어나 전자상거래에 정통한 인물이라는 점에서 타 회사와 구별된다.

샤오미는 안드로이드 기반의 스마트폰을 만들고 있는

데 애플의 철학에 영향을 받은 레이쥔은 철저히 세부에 집중해 품질 높은 스마트폰을 만들고 있다. 장인 기질이 녹아든 제조업체라면 다들 이렇다고 할 수 있지만, 샤오미의 특장은 마케팅과 커뮤니티 형성 전략이다. 샤오미는 초기에 대리점 판매를 전혀 하지 않고 오로지 인터넷에서만 판매하는 식으로 특화했다. 게다가 제조 수량을 굳이 제한함으로써 단말기 자체의 희소성을 높여 좀처럼 구할 수 없는 상황을 만들었다. 이것으로 '샤오미 단말기를 갖고 있다=부럽다'는 반응을 조성하고 고급 이미지를 만드는 데 성공했다.

또한 레이쥔은 강렬한 비전을 가진 카리스마 넘치는 존재여서 수많은 팬이 생겨났다. 이 팬들은 좀처럼 구하기 힘든 샤오미 스마트폰을 쇼셜미디어에서 확산시켜 샤오미는 굳이 마케팅 비용을 들이지 않고도 수많은 사람에게 제품을 알리는 데 성공했다.

세부에 집중한 고품질, 좀처럼 구하기 힘든 희소성, 강렬한 비전에 공감하는 마니아 형성, 소셜미디어를 통한 입소문 등이 겹쳐 샤오미의 스마트폰은 멋지다라는 '브랜드' 가치가 생겨난다. 샤오미는 스마트폰을 판매하여 매출을 올리고 있지만, 실제 비즈니스 모델은 상품 이상의 가치를 낳을 뿐 아니라 열정적인 팬이 떠받치는 '샤오미 경제권' 형성이라고 할 수 있다. 이런 기업, 제품, 팬, 소비자에 따라 형성되는 비즈니스는 마케팅 비용이 적게 들고 커뮤니티에 의해 지탱되기 때문에 경쟁에도 강하다. 이러한 전략은 온라인 서비스뿐만이 아니라 제조업이나 서비스업 등에 두루 응용할 수 있다. 지금 자신이 하는 일에도 어떻게 도입할 수 있을지 꼭 생각해보기 바란다.

2장

두 번째 공식
감정(인간)

01

경제와
인간 뇌의 관계

앞에서 말했듯이 잘 돌아가는 경제체제에는 공통 요소가 있다. 나는 이런 사실을 사업이나 조직에서 시험해보고 알았지만, 처음에는 왜 그런 시스템이 형성되었는지를 몰랐다. 일단 잘 돌아가는 경제에는 이런 요소가 자리잡고 있고, 이를 여러 분야에 적용하면 잘 돌아간다고 말할 수밖에 없었다. 시스템을 이해하고 직접 구현할 수 있지만 왜 그런 시스템이 형성되었는지는 모르니 왠지 몽롱한 느낌이 들었다.

전혀 다른 일로 인간의 뇌 조직을 연구하고 있을 때 우연히 답을 찾았다. 답은 우리 인간의 뇌에서 쾌락을 관장하는 신경 회로에 있었다. 개인적으로는 돈이나 경제라는 사회학적인 주제가 인간의 뇌라는 생물학적 주제와 연결되어 있다는 사실에 충격을 받았다. 차분히 생각해보니 동물인 인간의 뇌 집합체가 경제나 사회를 구성하고 있기 때문에 당연한 일이었다. 하지만 둘을 완전히 다른 분야로 인식하고 있었기에 여러 분야가 밑바탕에서 서로 연결되어 있다는 사실이 무척 신기했다. 흔히 '등잔 밑이 어둡다'고 하는데, 경제라는 커다란 체제를 알기 위해서는 뇌 시스템을 알아야 하는 것이다.

우리 인간이나 동물의 뇌는 욕망이 충족되었을 때 '보상회로'라는 신경계가 활성화하여 도파민 같은 쾌락 물질을 분비한다. 이 보상회로는 식욕, 수면욕, 성욕 등이 충족되었을 때뿐만 아니라, 타인에게 칭찬이나 사랑을 받는 식으로 사회적 욕구가 충족되었을 때도 활성화되어 쾌락 물질을 분비한다. 이 보상회로 덕분에 동기가 부여된다. 거칠게 말하면, 인간도 동물도 이 보상회로의 노예라고 할까, 여기서 발생하는 쾌락 물질을 바라기 때문에 여러 가지 행동에 나서는 것이다.

이 보상회로는 뭔가를 학습하거나 환경에 적응할 때

굉장히 중요한 역할을 담당하다. 부모에게 칭찬을 받고 싶어서 열심히 공부하고, 이성에게 인기를 얻고 싶어서 노력하고, 멋있어지길 바라면서 다이어트를 한다. 장기간의 보상을 기대할 수 있는 경우에는 눈앞의 보상을 참고 노력하거나 학습에 매진한다. 보상은 인간의 모든 행동에 동기를 부여하고 고무하는 것이다. 이 쾌락 물질이라는 '상'이 없다면 인간은 뭔가에 반복해서 집중할 수 없다.

보상회로가 분비하는 쾌락 물질에는 중독성이 있다. 기분이 좋으면 뇌는 몇 번이고 특정 행동을 되풀이하고 싶어지는 것이다. 어떤 실험에서 쥐의 보상회로가 있는 중뇌에 전극을 꽂고 버튼을 눌러 전기를 흘려보내 도파민 신경계를 자극하자 쥐는 계속 버튼을 눌렀다고 한다. 한번 보상회로를 자극하자 인공적으로 쾌락을 얻을 수 있음을 알게 된 쥐는 한 시간에 수천 번이나 버튼을 눌렀고, 죽을 때까지 이 동작을 되풀이한 모양이다. 이 쥐 실험은 좀 끔찍하지만 그만큼 보상회로가 분비하는 쾌락 물질이 동물에게는 '감미'로운 자극이고 행동에 동기를 부여한다는 점을 알 수 있다.

02

'좋아요'에 담긴
인정 욕구가 핵심이다

여기서부터는 앞에서 말한 경제체제를 만드는 데 필요한 다섯 가지 요소를 뇌의 보상회로라는 관점에서 생각해보겠다.

명확한 '보상'이 있어야 하고 이는 생물학적인 욕구와 사회적인 욕구를 충족해야 한다. 한편 뇌의 보상회로는 욕구가 충족되었을 때뿐만 아니라 보상을 '기대할 수 있는 상태'에서도 쾌락 물질을 분비한다고 알려져 있다. 예를 들어 실제로 좋아하는 이성을 만나지 않고 메시지만 받아도 보상회로가 자극을 받아 쾌락을 느낄 것이다.

단순한 '정보'라고 해도 보상회로의 자극과 한 세트로 기억되면, 비슷한 상황에서도 쾌락을 느낀다. 요컨대 인간의 뇌는 경험이나 학습에 의해 쾌락 물질을 분비하는 대상을 자유롭게 바꿀 수 있다. 라인 메신저의 알림, 페이스북이나 인스타그램의 '좋아요!'에 많은 사람들이 쾌락을 느끼고 하루 종일 궁금해서 견딜 수 없어 한다. 이는 100년 전 우리네 조상이라면 상상할 수도 없는 일이다. 이것도 환경의 변화에 따라 우리 뇌가 쾌락을 느끼는 대상이 변해왔음을 뒷받침하는 증거라고 할 수 있다.

인정 욕구도 IT 등의 테크놀로지와 결부됨으로써 비대해져 지금은 식욕 같은 생리적 욕구와 견줄 만한(사람에 따라서는 그 이상의) 사회적 욕구의 대명사가 되었다. 앞으로 가상현실 같은 새로운 테크놀로지가 발달하면, 인간은 지금과 다른 상황에 쾌락을 느끼고 새로운 욕망을 창출해낼 것이다.

03

불확실성이
주는 쾌락

나아가 앞에서 말한 '실시간', '불확실성'이라는 두 가지 요소도 뇌의 보상회로와 관련이 있다. 한마디로 뇌는 '금방 지루해하고' '싫증을 잘 내는' 성격이다. 그러므로 변화가 부족한 환경이 오래 지속되거나 예측 가능성이 높은 경우에는 뇌의 보상회로가 자극받기 어렵다. 예를 들면 열심히 하든 안 하든 급여가 변하지 않고 매일 같은 일을 반복하며 예측대로 목표가 달성되는 직장에서 일하면 과연 즐거울까?

뇌는 확실한 보상이 예측되는 상황에서는 쾌락을 느끼기 어렵다. 반대로 예측하기 어렵고 위험성이 있는 불확실한 환경에서 얻은 보상에서 더 많은 쾌락을 느끼는 경향이 있음을 연구를 통해 알아냈다. 더욱이 자신의 선택이나 행동에 의해 결과가 달라지는 경우에는 자극이나 쾌감이 더 커진다.

이런 직장은 어떨까? 수입은 자신의 노력에 따라 크게 변하고 열심히 하면 그만큼 더 늘어난다. 다만 시장의 경쟁 환경이 매주 변하여 세상의 흐름과 경쟁사의 움직임을 예의주시해야 한다. 스스로 영업 전략을 세워 움직이며 전략이 맞아떨어지면 큰 이익을 얻는다. 물론 이런 직장에서는 뇌에서 도파민이 대량 분비되고 성취감도 클 뿐만 아니라, 목표에 미달하면 더욱 분발하자는 마음을 먹을 것이다.

뇌는 왜 이렇게 변화가 심하고 위험성이 높은 상황에서 더 많은 자극과 쾌락을 느끼게 만들어졌을까? 이런 기능은 엄혹한 환경에서 인간의 조상이 살아남는 데 중요했기에 계속 발전했는지 모른다. 인간의 조상인 원숭이를 포함한 야생동물은 천적에게 습격당할 위험을 감수하면서 매일 음식물을 찾아다니며 살아남아야 했다. 더욱이 먹느냐 먹히느냐가 초미의 관심사인 자연계에서는 사소한 기후 변화나 역병으로 당장 죽을 수도 있으니 항상 긴장해야 했을 것이다.

이처럼 스트레스가 만연한 상황에서는 당연히 지성이 높고 행동력이 약한 동물일수록 맥을 못 춘다. 그래서 쾌락 물질이라는 상을 줌으로써 위험한 상황에서도 적극적으로 움직이게 만든 것이다. 한마디로 동기 부여의 원천이라고 할 수 있다. 인간은 지금도 변화가 심하고 위험이 도사린 상황에서 보상을 받거나 기대하면서 큰 쾌락을 느끼는데 이는 자연 속에서 살아남은 동물이 환경에 적응하기 위해 익힌 습성 때문이라고 할 수 있다.

04

쾌감은 타인과의
비교에 의해 커진다

또 다른 특징으로 '서열 관계(서열을 눈에 띄게 하기)'를 들었다. 이건 이해하기 쉬운 문제다. 인간은 타인과 비교하는 가운데 자신이 행복한지 불행한지, 뛰어난지 열등한지를 판단하는 상대적인 동물이다. 예컨대 시험에서 전원이 100점을 맞은 경우와 자기만 100점을 맞은 경우는 느낌이 전혀 다를 것이다. 야구 선수 스즈키 이치로처럼 묵묵히 자신의 한계에 도전하는 데서 쾌락을 느끼는 사람도 있겠지만, 사람의 뇌는 비교 기준이 있을 때 자극이나 쾌락을 느끼기 쉬운 성질이 있다.

키나 외모처럼 바로 눈에 띄는 것이라면 좋겠지만 집

단이 커서 비교할 대상이 눈에 잘 보이지 않을수록 비교하기 위한 수치나 순위, 등급 등의 데이터가 필요해진다. 이 공통 기준이 가시화되면 집단에서 자기 위치를 알 수 있다. 당연히 모집단 중에서 타인보다 우위에 있으면 만족을 얻고 불리한 입장에 있으면 불행을 느끼기 십상이다. 타인보다 우월한 지위를 점하고 싶다는 욕망이야말로 인간이 계속 노력하는 원동력이고, 구성원이 모두 그렇게 생각하면 집단 전체가 발전할 수 있다.

05

게임은 보상회로를
자극한다

뇌에 있는 보상회로의 시스템을 온전히 활용한 장치가,
우리가 어렸을 때(경우에 따라서는 지금도) 즐겼던 '게임'
이다. 뛰어난 게임일수록 보상회로를 적당히 활성화시켜
사람들이 열중하게 만들어놓았다. 예컨대 게임의 어떤
단계에서 임무를 완수하고 보너스를 획득했다고 하자.
당신은 '성취감'과 '만족감'을 느끼고 보상회로가 자극을
받아 쾌락 물질이 분비된다. 더욱 어려운 단계에 도전하
여 임무를 완수하면 더욱 큰 성취감을 느끼고 당신은 이
게임에 점점 '빠져들어'간다.

온라인 게임은 이용자 사이의 소통이나 경쟁이라는 요

소가 더해지기 때문에 몰입도가 더욱 높아진다. 임무를 완수했다는 성취감만이 아니라 동료와 소통하면서 느끼는 즐거움이나 경쟁에서 얻는 승리로 충족되는 인정 욕구같이 보상회로를 자극하는 요소가 많다. 게임은, 눈에 보이는 '이익'이 없다고 해도 시스템에 의해 뇌의 보상회로가 자극을 받아 쾌락 물질을 분비하고 특정 행위에 열중하게 된다는 것을 뒷받침하는 증거라고 할 수 있다.

물론 게임을 만드는 사람이 이런 뇌 시스템까지 이해하고 설계하진 않았겠지만, 인기 높은 게임에는 보상회로를 자극하는 요소가 꼭 포함되어 있다. 뛰어난 서비스나 조직이 게임의 기법을 흉내 낸 게이미피케이션[6]을 도입하는 데서 알 수 있듯이, 게임에는 우리의 뇌를 직접 자극하는 시스템이 응축돼 있음이 틀림없다.

현재 선진국에서는 상품과 서비스가 모두 포화 상태여서 상품만으로는 사람들을 끌어들일 수 없다. 최소한의 물품만으로 살아가는 이른바 '미니멀리스트'가 늘어나

---

6 게이미피케이션(gamification)은 '게임화', 즉 게임이 아닌 분야에 게임의 구성요소 등을 적용하는 것을 말한다.

고 상품에 매력을 느끼지 못하는 사람들이 많아지고 있다. 많은 사람들이 오락이나 체험을 통한 정신적인 만족에 매력을 느낄수록 게이미피케이션이나 뇌의 보상회로를 응용한 서비스에 관심이 집중될 것이다.

06

보상회로는
만병통치약이 아니다

이쯤 되면 뇌의 보상회로가 마치 만병통치약처럼 생각될 지도 모르겠지만, 실제로는 너무 잘 들어서 '과잉 처방이 금지'된 '영양 드링크'라고 할 수 있다. 또한 보상회로에서 분비되는 도파민 등의 쾌락 물질에는 강력한 중독성과 의존성이 있다.

알코올 중독, 연애 중독, 일중독 등 뭔가에 지나치게 빠져 하루 종일 몰두하고 이것 없이는 못 산다는 사람들이 있다. 이는 보상회로에 이상이 생겼다는 신호다. 쾌락 물질은 강력한 동기 부여 기능이 있지만 여기에 너무 기대면 부작용이 생기고 만다. 전형적인 예로 외국계 투자은행이 있다. 이런 은행은 구직자 선호도에서 항상 상위를 차지하고 실제로 입사하기가 매우 어렵다. 연봉도 많아 20대에 1억 엔을 받는 직원도 있을 정도다. 금전이나 인정 욕망이 가장 잘 충족되는 직장이다. 다만 격무에 시달리고 프로젝트 성공 여하에 따라 보수도 변동이 심하고 심지어는 파리목숨이라고 할 만큼 해고당하기도 쉽다. 시장의 변화가 극심해 눈 감으면 코 베어가는 환경이라 늘 긴장하고 살아야 한다. 이 당사자는 보상회로가 자극을 받아 도파민이 마구 쏟아져나오는 상태다. 뇌가 강렬한 자극을 받는 이상적인 환경에서 일하지만 4, 5년 지나면 그만두고 만다. 투자은행 출신 직장인들에게 이유를 물으면 '정신과 신체가 버티지 못한다'는 대답이 돌아온다. 뇌는 지치지 않는 기관이라고 생각하는 경향이 있지만, 뇌의 명령에 의해 움직이는 신체나 엄혹한 환경에 계속 노출되는 정신은 지칠 수밖에 없다. 뇌는 쾌락 물질을 분비함으로써 기꺼이 다음 행동을 지시하지만 몸은 휴식을 취해야 한다.

쾌락 물질이 너무 많이 쏟아져나오면 균형을 잃게 마련이다. 격투기 만화에 나오는, 당장에는 힘이 수십 배

강해지지만 나중에 꼭 '대가'를 치러야 하는 필살기 같은 것이다. 무슨 일이나 중용이 필요하기 때문에, 어떤 경제 체제를 구상할 때 장점을 절대 악용하지 말고 균형을 유지하며 보상회로를 적당히 자극하는 시스템을 도입해야 한다.

07

균형 잡힌 자연계의
세 가지 특징

경제라는 큰 틀을 우리 뇌와 관련지어 설명했는데, 이번에는 경제를 더욱 큰 틀과 비교해 설명하겠다.

경제의 메커니즘을 연구하면서 경제와 가장 비슷하다고 생각하게 된 것이 바로 '자연계'였다. 자연계도, 우리가 살고 있는 자본주의사회도 모두 잔혹한 세계이다. 자연계에서 약한 동물은 강한 동물의 먹잇감이 되듯이 자본주의 경제에서도 경쟁력이 없는 개인이나 기업은 금방 도태되고 만다.

자연계는 먹이사슬 시스템 속에서 종의 도태가 되풀이되며 전체가 하나의 '질서'를 형성하고 있다. 먹이사슬

(먹고-먹히는 관계)을 통해 '에너지'를 순환시키고 있는 것이다. 개체와 종(種)과 환경이 믿을 수 없을 만큼 균형 잡힌 생태계를 만들어가며 항상 최적 상태가 유지되고 있다. 인간 사회의 법률 같은 것이 있을 리가 없기 때문에 이런 시스템이 자연스럽게 형성되었다고 보아야 할 것이다.

이렇게 경제와 자연을 비교하던 나는 큰 실수를 했음을 깨달았다. 자연이 경제를 닮은 게 아니라 경제가 자연을 닮았기에 자본주의가 이렇게까지 널리 퍼져나갔다, 이렇게 생각하자 내가 깨달은 미래의 방향을 결정하는 세 가지 요소 중에서 '경제'가 가장 강력한 요소임을 알 수 있었다. 다시 말해 경제라는 요소는 '자연에 원래 내재해 있던 힘'이 발현된 것이고, 자연은 경제의 거울이자 모범이라는 것이다.

경제란 자연을 모방한 것이고 자연의 일부라고 파악하자 이 시스템을 더 깊이 고찰해보고 싶어졌다. 자연이 균형을 유지하게 하는 요인으로는 앞에서 말한 '극단적인 치우침', '불안정성 · 불확실성'에 더해 다음 세 가지 특징을 들 수 있다.

① **자발적인 질서의 형성.** 규칙을 만드는 사람이 없는 데도 단순한 요소에서 복잡한 질서가 저절로 형성된다. 물은 특정한 조건에 두면 육각형 결정을 만든다. 누군가 규칙을 정해 강요하지도 않았는데 저절로 이런 질서가 형성되는 현상을 '자기 조직화' 또는 '자발적 질서 형성'이라고 한다.

② **에너지의 순환 시스템.** 자연계에서 사는 동물은 먹이사슬을 통해 에너지를 순환시킨다. 동물은 무언가를 먹음으로써 항상 에너지를 체내에 받아들이고, 활동이나 배설을 함으로써 외부로 발산한다. 열역학 제2법칙에 따르면 모든 것은 시감이 흐름에 따라 질서 있는 상태에서 무질서한 상태로 변해가는데, 자연이나 생명은 이 에너지의 순환 기능 덕분에 질서를 유지할 수 있다. 물살이 거센 강 한복판에 놓인 물레방아가 계속 돌아가면서 떠내려가지 않고 제 자리에 머물러 있는 것과 비슷하다.

③ **정보에 의한 질서의 강화.** 앞에서 설명한 질서를 더욱 강화하기 위해 '정보'가 필요해졌다고 볼 수 있다.

① 자발적인 질서의
형성

② 에너지의
순환 시스템

③ 정보에 의한
질서의 강화

유기적 시스템의 세 가지 요소

만약 이 세계가 예외 없는 규칙에 의해 결박되었거나, 반대로 무작위로 흘러간다면 '정보'가 필요하지 않다. '정보'가 필요한 이유는 '선택' 가능성이 있기 때문이다. 다시 말해 생명체가 '정보'를 내부에 기록한 까닭은 선택 필요성이 있는 환경에 있었기 때문이다. '정보'가 내부에 보존됨으로써 구성 요소가 교체되어도 정체성을 유지할 수 있다. 인간은 신진대사에 의해 매일 세포를 교체하는데, 내부에 보존된 기억이나 유전자 같은 정보들 덕분에 동일한 인간으로 인식하며 계속 활동할 수 있다.

이상의 세 가지 성질을 간단히 정리하면, '끊임없이 에너지가 흐르는 환경에 처한, 상호작용을 하는 동적 네트워크는 대사 작용을 하며 스스로 질서를 형성하고 정보를 기억함으로써 기존 질서를 더욱더 강화한다'는 것이다.

자연에 내재한 이 시스템을 물리학자 일리야 프리고진은 '산일구조(散逸構造)'라 했고, 생물학자 프란시스코 바렐라는 '자기 제작(autopoiesis)'이라고 했으며, 경제학자 프리드리히 하이에크는 '자생적 질서(spontaneous order)'라고 했다. 용어는 다르지만 이들은 모두 비슷한 시스템을 묘사한 것이다(프리고진은 노벨화학상을, 하이에크는 노벨경제학상을 수상했다). 생각해보면 노련한 경영자나 역사적 위인들의 생각이나 가르침은 비슷한 경우가 많고 '제행무상(諸行無常)'이니 '만물유전(萬物流轉)'이니 하는 말이 회자된 이유가 있다.

막 창업했을 때 선배 경영자에게 '비전이나 이념이 중요하다'는 말을 자주 들었으나 당시에는 무슨 뜻인지 몰랐다. 사원이 많아야 수십 명인 벤처 기업으로서는 다음 달에도 회사가 존속할 수 있을지 여부가 훨씬 중요하기 때문에 회사의 방향성이나 철학을 명확히 정의하는 일은 뒷전으로 미루기 일쑤이다. 나중에 회사가 수백 명 규모가 되자 우리 존재이유를 철학적으로 정의하는, 즉 정보 (비전이나 이념)를 만들어 기억하는 일이 얼마나 중요한 지를 절감할 수 있었다.

그리스 신화에 '테세우스의 배'라는 유명한 이야기가 있다. 너덜너덜해진 배를 수리하기 위해 널빤지를 하나하나 교체해나가다 급기야는 모든 부품을 교체하고 말았다. 그렇다면 이 배는 원래의 배와 같은 배인가.

기업도 작을 때는 단순한 개인의 모임에 지나지 않지만 구성원이 100명이 넘으면 자신들의 존재이유를 정의하는 철학을 언어로 공유하는 작업이 중요해진다. 시간이 지남에 따라 새로운 사원이 들어오고 주력 사업이 변하게 마련이지만, 조직의 존재를 정의하는 정보(비전과 이념)가 굳건해야 동일성을 계속 유지할 수 있기 때문이다. 과연 옛 사람의 지혜는 위대한 가르침이라는 사실을 다시금 깨달았다.

자연을 세 가지 특징(자발적 질서, 에너지의 순환, 정보에 의한 질서 강화)을 갖춘 유기적 시스템으로 바라보면, 전혀 관계없는 것처럼 보이는 대상도 자연과 동일한 시스템으로 작동한다는 사실을 알게 된다. 생명, 세포, 국가, 경제, 기업 모두 무수한 개체가 모여 하나의 조직을 만들고 역동적인 네트워크로 기능한다.

인간은 작은 세포가 모여 만들어졌고 각 세포와 기관은 밀접하게 연결되어 유기적인 시스템을 형성한다. 음식물을 통해 에너지를 얻고 정보를 뇌와 유전자에 기록해 세포가 교체되어도 동일성을 유지할 수 있다. 국가 역시 개인과 개인의 네트워크로 구성되고 이들은 서로 연대하며 하나의 공동체를 유지한다. 아기가 태어나거나 이민자가 들어와서 인구구성이 변동하지만, 법률, 문화, 윤리, 종교 등의 '정보'는 변함이 없어 국가 정체성을 유지할 수 있다.

08

자연의 질서에 반한
규칙의 위험성

흥미로운 것은 중첩 구조가 이어진다는 점이다. 자연 안에
사회가 있고, 사회 안에 기업이 있고, 기업 안에 부서가 있
고, 부서 안에 인간이 있고, 인간 안에 기관이 있고, 기관
안에 세포가 있다는 식이다. 규모가 어떻든 동일한 구조가
이어진다. 현미경으로 눈(雪) 결정을 관찰하면 비슷한 구조
가 반복되는 양상을 볼 수 있는데 이와 비슷하다(프랙탈[7]이
라고 한다). 이름이야 다를 수 있지만 구조는 모두 동일하다.

---

7   프랙탈(fractal)은 전체의 일부인 작은 조각이 전체와 비슷한 기하학적 형태를 띠
    는 것으로, '자기 유사성'이라고 한다.

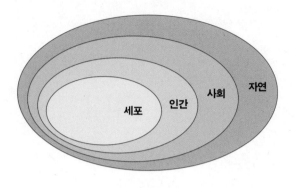

세상의 중첩 구조

　자연에 내재하는 힘과, 이와 밀접한 경제 요소가 강력한 기능을 발휘한다는 점을 생각하면 자연스럽게 아이디어 하나가 떠오른다. '자연의 시스템에 가까운 규칙일수록 사회에 보급하기 쉽고, 자연과 동떨어진 시스템일수록 좋지 않은 결과를 낳기 쉽다.' 이 가설을 증명하는 전형적인 예가 마르크스의 '사회주의'이다. 자본주의의 문제점을 지적하여 많은 사람들의 공감을 얻은 사상이다. 다시 말해 감정이라는 요인은 사로잡았으나 결국 비극으로 끝났다.

　사회주의자들은 사리사욕을 부정하고 경제를 통제하고 경쟁을 부정하는 체제를 만들었다. 다시 말해 지금까지 소개한 자연의 성질과는 정반대로 굴러가는 시스템을 채택한 것이다. 개인의 노동 의욕이 낮아지고, 돈이 순환되지 않고, 사회 전체가 활기를 잃었다. 결과적으로 경제 성장률의 저하와 기술 혁신의 정체가 심각해졌다. 인간으로 말하자면 신진대사 기능에 이상이 생긴 상태이다.

자연의 성질과 먼 시스템일수록 기능 부전을 일으키는데 이는 국가 경쟁력도 마찬가지라고 할 수 있다. 미국이나 중국에서 장사나 사업을 하면 변화가 심하고 돈, 인력, 정보도 굉장한 속도로 움직인다. 특히 미국은 이민자들을 많이 받아들여 자유경쟁을 확립하고 고용의 유연성을 높임으로써 신진대사를 활발히 하여 세계 최대의 경제 대국으로 성장했다. 사회 각 분야에서 유연성과 유동성이 매우 높다는 점을 알 수 있다.

한편 성장이 멈춘 나라(예컨대 일본이나 한국)는 자본과 인력, 정보의 유동성이 높지 않다. 다시 말해 사회의 순환이 멈춰 있다. 대기업은 결코 망하지 않고 연공서열과 종신고용의 관행이 뿌리 깊고 자본이나 인력의 흐름이 활발하지 않도록 설계되어 있다.

대체로 역사의 대참사를 일으켰던 사상은 대부분 자연의 시스템과는 동떨어져 있다. 현재 기능하고 있는 사회 체제는 인류가 수천 년에 걸쳐 시행착오를 되풀이한 끝에 채택한 것이며, 우리는 지금도 손으로 더듬어 '자연의 윤곽'을 밝히는 과정에 있는지도 모른다. '진화'란 순환을 되풀이하는 과정에서 나타나는 부차적인 변화이고, '테크놀로지'란 진화의 부산물, 예를 들어 '두부를 만들때 생기는 유바(껍질) 같은 것이라고 생각할 수 있다.

09

경제, 자연, 뇌의
공통점

경제의 밑바탕을 탐색해보면 뇌의 보상회로가 있고, 경제와 자연은 아주 닮았다는 점을 설명했다. 실은 뇌 구조 역시 경제와 꼭 닮았다. 인간의 뇌에는 신경세포라는 특수한 세포군이 서로 연결되어 복잡한 네트워크를 구축하고 있다. 신경세포는 대뇌에 수백억 개, 소뇌에 천억 개가 있고, 뇌 전체에는 천억 개가 훨씬 넘게 형성돼 있다. 이 네트워크는 신경 회로라 불리고, 신경세포는 전기신호를 보내 정보를 주고받고, 세포와 세포는 끊임없이 연결되거나 끊기면서 재편성된다. 마치 SNS에서 서로 연결되어 메시지를 교환하는 사람들 같다.

경제도 자연도 뇌도 수없이 많은 개체로 구성되는 유기적인 네트워크이고, 정보와 에너지를 교환하며 전체가 하나의 생물처럼 행동한다. 또 정보와 에너지가 순환하는 과정에서 시스템은 더욱 복잡해지고 계속 진화해간다. 자연은 땅과 바다만 있던 상태에서 식물이나 동물이 흘러넘치는 복잡한 생태계로 진화했다. 인류는 조개껍데기를 사용하던 무렵부터 자본시장을 형성했고, 세월이 흐르면서 통화가 사회의 중추로 진화해갔다. 두뇌 역시 갓난아기의 단순한 상태에서 복잡하고 수준 높은 사고를 할 수 있는 성인의 뇌로 발달해간다.

인간의 감각에서 보면 '닮았다'고 표현할 수 있겠지만, 기계가 만약 인간의 맥락을 무시하고 데이터의 집합체인 '시스템'만을 분석하면 모두 '같은 것'이라고 판단할지도 모른다. 우리들 인간은 대화와 소통을 하기 위해 이것과 저것을 구별하여 이름을 붙인다. 그렇게 하지 않으면 대화가 불가능하기 때문이다. 규모나 외양으로 구별하여 인간은 개체의 '이름'을 늘려왔는데, 눈에 보이지 않는 시스템을 다루기는 원래 어렵다. 다시 말해 인간의 인식 필터로 보면 서로 구별되는 대상이지만 자연이나 경제, 뇌는 원래 같은 '출발점'에 있었던 것이라고 할 수도 있다. 나아가 수십 년가량이 지나면 이런 시스템도 테크놀로지의 힘을 빌려 만들 수 있을 것으로 보인다.

이어 설명할 테크놀로지의 진화에 의해 인간의 인지능력은 더욱 향상되어 지금보다 훨씬 복잡한 시스템도 직관할 수 있을 것이다. 이렇게 되면 부분적인 법칙성만이 아니라 무수한 개체가 상호작용하는 네트워크의 전모를 이해하고, 나아가 시간의 흐름에 따른 변화까지 감지할 수 있으리라 생각한다. 경제, 자연, 뇌처럼 여러 개체가 상호작용하여 전체를 구성하는 현상을 '창발(創発, emergence)'이라고 한다. 앞으로는 이런 시스템을 잘 다루는, 이른바 '창발적 사고' 체계가 필요해질 것이다.

신비로운 미소로 유명한 〈모나리자〉를 남긴 레오나르도 다빈치는 음악, 건축, 수학, 기하학, 해부학, 생리학, 동식물학, 천문학, 기상학, 지질학, 지리학, 물리학, 광학, 역학, 토목공학 등 다양한 분야에서 천재적인 재능을 발휘했는데, 실로 '만능인'이었다. 다만 나는 다빈치에 대해 조금 다르게 생각해본다. 혹시 다빈치에게는 '모두 같은 것'으로 보인 게 아닐까?

당시에는 학문이 지금처럼 세분화되지 않았다. 다빈치는 우주나 자연을 포함한 세상 만물에 엄청난 탐구심과 창조성을 발현한 인물이고, 이런 성격을 다방면에서 발휘한 결과 다재다능한 사람으로 '비친' 것이 아닐까? 다시 말해 이 세계의 모든 것을 이해하는 '한 가지' 능력에 특히 뛰어난 천재가 아니었나 생각하는 것이다. 그는 이런 말을 남겼다. "나의 예술을 진실로 이해할 수 있는 사람은 수학자뿐이다." 우리 눈에는 아예 무관해 보이는 '예술'과 '수학'을 다빈치는 동일한 대상으로 파악하고 있었는지도 모른다.

비슷한 인물로 뉴턴과 나란히 '미분'을 발견한 고트프리트 라이프니츠가 있다. 라이프니츠는 수학자로 유명하지만 철학이나 과학, 정치 등 폭넓은 분야에서 활약한 인물이다. 라이프니츠는 다빈치와는 반대로 이미 존재하는 다양한 분야의 학문(법학, 정치학, 역사학, 철학, 수학, 경제학, 물리학)을 통일하여 '보편학'이라는 하나의 학문으로 체계화하려고 했다. 다빈치와 마찬가지로 라이프니츠 역시 이런 학문들은 관점은 달라도 동일한 것을 설명하는 학문이라고 생각했는지 모른다. 다만 너무나 난해하고 독특한 관점이라 세상에 확산되지는 않았다(실제로 지금 읽어도 어렵다). 아마 라이프니츠도 자신이 느낀 것을 10퍼센트도 언어로 표현하지 못했을지도 모른다.

사회에서 상세히 분류해온 개념들도 시스템 자체는 동일한 경우가 많다. 일견 다른 양상으로 존재하는 이 '보편성', 공통되는 '유형(pattern)'을 발견할 수 있다면 전혀 생각지 못한 사태가 일어났을 때도 잘 대처할 수 있다. 다만 과도한 유형화, 일반화는 위험하기 때문에 어떤 가설이 떠오르면 실제 사업에 적용하여 '실험'해보는 것이 중요하다. 현실 세계에서 가설을 검증함으로써 현실을 더 깊이 이해하고 또 다른 가설을 세울 수 있다.

우리는 다빈치나 라이프니츠보다 훨씬 더 유리한 입장에 있다. 왜냐하면 그들 시대에는 존재하지 않았던 다양한 테크놀로지를 활용할 수 있기 때문이다. 다음 장에서는 테크놀로지를 중심으로 경제가 어떻게 변해가는지를 소개하겠다.

3장

세 번째 공식
테크놀로지

01
테크놀로지의 변화는
'선'으로 파악하라

나는 이 책에서 주로 돈과 경제를 다루기 때문에 테크놀로지의 흐름은 설명하지 않는다. 다만 경제의 변화를 논할 때 테크놀로지의 발달은 빠뜨릴 수 없기 때문에 간단히 언급하겠다.

빅데이터, 사물인터넷, 인공지능, 블록체인, 증강현실, 가상현실 등 IT는 나날이 발전하여 해마다 버즈워드가 나왔다 사라지기를 되풀이하고 있다. 내가 이전 저서《내가 미래를 앞서가는 이유》에서도 썼지만, 테크놀로지의 변화는 '점'이 아니라 '선'으로 파악하는 것이 중요하다. 나날이 등장하는 IT 업계의 버즈워드를 좇아갈 때도 각각을 '점'으로 파악하려 들면 아무것도 보이지 않는다. 테크놀로지의 변화를 '선'으로 파악한다는 것은, 현재의 사회체제가 어떤 과제를 해결하기 위해 만들어졌는지, 그 생성 '원리'를 올바로 이해하고 최신 테크놀로지가 일으키는 변화를 하나의 '현상'으로 이해한다는 뜻이다.

예컨대 클라우드컴퓨팅, 빅데이터, 사물인터넷, 인공지능 등은 커다란 흐름 한 토막을 잘라내 이름을 붙인 것이다. 이제 온갖 소프트웨어를 클라우드에 올려놓고 어떤 기기에서도 접근할 수 있게 되었다. 클라우드에서 관리함으로써 네트워크에 방대한 데이터가 흘러넘치고 이로서 기계 학습 등이 발달하게 되고 센서 기술을 활용해 사물과 사물의 통신도 가능해졌다. 이것들은 하나의 흐름이고 개별 요소가 연쇄적으로 또 다른 자극을 가해 새로운 현상을 일으킨다. 우선 지금 세상에서 일어나는 변화를 하나의 현상으로 이해하는 것이 중요하다. 변화의 본질을 파악하면 향후에 일어날 변화도 예측 가능하고 온갖 흐름과 유행도 냉정히 바라볼 수 있다.

02

MONEY 2.0
모든 구조가 분산화된다

그렇다면 돈과 경제의 세계에서 가장 임팩트 있는 현상, 커다란 변화의 흐름은 무엇일까? 물론 100년 단위로 생각하기는 어렵고, 10년 단위로 생각하면 그것은 '분산화'라 할 수 있다. '분산화'란 일부 업계를 제외하고는 잘 거론되지 않지만, 기존 경제나 사회의 체제를 근본적으로 뒤엎는 개념이다. 왜냐하면 기존의 경제나 사회는 '분산화'의 정반대 개념인 '중앙집권화'에 의해 질서를 유지해왔기 때문이다.

조직의 중심에는 반드시 관리자가 있고 정보와 권력을 집중시킴으로써 어떤 문제가 일어났을 때 곧바로 대응할 수 있는 체제를 만들어왔다. 이것이 근대사회에서는 가장 효율적인 시스템이었다.

이는 근대사회가 '정보의 비대칭'을 전제로 만들어졌기 때문이다. 정보가 편재돼 있고 개별 구성원이 실시간으로 정보를 공유할 수 없는 상황에서 대리인이나 중개인를 '허브'로 하여 전체를 움직여왔다. 필연적으로 '힘'은 중앙의 허브에 모이게 된다.

오늘날 영향력이 매우 강한 조직은 대부분 허브가 중요한 역할을 해왔음을 알 수 있다. 국가는 정부에, 의회 정치는 국회의원에게, 기업은 경영자에게, 물류는 상사(商社)에 정보와 조직이 몰린다. 근대사회에서는 정보의 비대칭성이 존재하는 영역에 중개인이나 대리인이 끼어들어 정보의 유통을 장악하고 권력을 집중시킬 수 있었다. 이 정보의 비대칭을 해소하기 위해 대리인 자격으로 개입하는 것 자체가 중요한 '가치'였다.

하지만 지금은 모든 사람이 스마트폰을 통해 실시간으로 항상 연결될 수 있다. 앞으로는 인간만이 아니라 사물과 사물도 항상 접속돼 있을 것이다. 나는 이를 '하이퍼

커넥티비티(hyperconnectivity)'라고 부른다. 이런 상황에서 더 나아가면 온라인에서 사람과 정보와 사물이 '직접', '항상' 연결되어 있게 된다. 중앙에 대리인이 허브로서 개입할 필요가 없어지고, 전체가 뿔뿔이 분산된 네트워크형 사회로 변해갈 것이다. 정보의 비대칭성이 사라지고 지금까지 힘을 발휘하던 중개인은 설 자리가 없어진다. 중개인은 오히려 정보의 흐름을 막는 방해자가 되고 만다.

분산화가 진행되면 정보나 사물의 중개만으로는 가치를 창출할 수 없고, 독자적으로 가치를 만들어내는 경제체제를 구현하는 존재가 큰 힘을 갖게 된다. 다시 말해 '분산화'는 근대까지 명멸해온 사회체제의 전제를 모두 부정하는 커다란 패러다임이고, 권력이 중앙집권적인 관리자에서 네트워크를 구성하는 개인에게 옮겨가는 것이다. 다시 말해 '하극상'이다.

IT 기업에서는 개인에게 권한을 부여한다는 말을 많이 하는데, 기존의 대리인이 가졌던 힘을 빼앗아 개인에게 나눠주는 일이라 할 수 있다. 중개인이 자기 지위를 고수하는 게 아니라 분산화 과정에서 힘을 얻어갈 '개인'을 지원하는 쪽에 섬으로써 자신도 힘을 얻는 전략이다. 시대의 흐름을 잘 타고 가는 전략이다. 인터넷은 '거리'와 '시간'의 제약을 날려버리고 정보를 순식간에 전달하는 테크놀로지기 때문에 지금에 이르러 가능성을 온전히 발휘하게 되었다고 할 수 있다.

다음에는 분산화 흐름의 일부로 새롭게 나타난 경제체제를 구체적으로 소개하겠다. 이는 우버나 에어비엔비로 대표되는 '공유경제', 가상통화나 블록체인 등을 활용한 '토큰경제(token economy)', 유튜버(YouTuber), 유명 블로거, 페이스북 스타, 열성적인 팬 등이 만드는 '평가경제' 등이다. 전혀 다른 체제로 보이지만, 정도는 달라도 분산화가 불러일으킨 커다란 흐름의 일부이다.

03

분산화되는
사회와 공유경제

공유경제는 사회가 항상 연결되고 분산되어 있어야 비로소 기능할 수 있다. 공유경제의 대표주자로 우버와 에어비엔비를 들 수 있다. 우버는 원래 운전기사를 채용한 택시 회사의 서비스를, 개별 운전자를 네트워크로 엮어 승객과 연결하여 제공함으로써 대성공을 거두었다. 우버는 차량을 보내주는 서비스를 하고 있지만, 차량을 소유하지도 운전기사를 고용하지도 않고 단지 운전자와 고객을 이어주고 있을 뿐이다. 우버의 기업 가치는 5조 엔이 넘는다고 하는데, 이는 포드나 지엠 같은 대형 자동차 회사의 시가총액을 상회하는 수치다.

에어비엔비는 빈 방이나 빈 집을 제공하고 싶어 하는 집주인과 집이나 방이 필요한 개인을 연결해주는 이른바 민박 서비스이다. 우버와 마찬가지로 에어비엔비도 부동산을 소유하지 않고 단지 개인과 개인을 연결하는 네트워크를 구축하고 지불을 중개하고 이용 후기에 의해 신뢰성을 높이는 등 잘 운용되는 경제체제를 만들었을 뿐이다. 설립한 지 불과 8년 만에 3조 엔이 넘는 기업 가치를 자랑하는 세계적인 기업으로 성장했다.

일본에서는 메르카리[8]가 급성장하여 일본 최초의 유니콘 기업[9]이 되었다. 이러한 서비스는 개인이 남아도는 자원을 직접 제공하여 나눔으로써 비용을 대폭 절감할 수 있다. 인터넷이 생활의 모든 영역을 연결하여 상품과 서비스를 공유할 수 있는 범위가 지구 전체로 확대되었고 거대한 경제체제가 탄생했음을 방증하는 것이다.

공유경제 비즈니스는 권한이 분산되어 네트워크로 연결된 사회에서 성공한 전형적인 사례로, 운영자는 서비

---

8   메르카리(Mercari)는 야마다 신타로(山田進太郎)가 2013년에 창업한 기업으로, 프리마켓 애플리케이션 '메르카리' 서비스를 운영하고 있다.

9   유니콘 기업은 기업평가액이 10억 달러가 넘는 비상장 벤처 기업을 말한다.

스나 상품을 제공하는 것이 아니라, 개인을 지원하기만 하면 된다. 여기서는 얼마나 뛰어난 경제체제를 설계할 수 있느냐가 관건이다. 유휴 자산을 활용하여 수익을 얻고 싶은 개인을 대상으로 적절한 보상 설계를 하고, 고객 만족을 추구하는 서비스 제공자는 이용자들의 추천을 받아 더 많은 수입을 얻게 한다. 또 이용자들이 대화방 등을 통해 소통할 수 있는 기능을 제공함으로써 이용자의 선택에 힘입어 자유롭게 발전하는 시스템을 구축한다.

공유경제는 네트워크로 연결된 개인을 묶어 하나의 경제체제를 만들고 대리인으로서 이용자에게 최소한의 기능만을 제공한다. 근대의 '대리인형 사회'와 향후 등장할 '네트워크형 사회'의 장점을 혼합한 하이브리드형 모델이라고 할 수 있다.

04
중국이 이끄는
공유경제

공유경제가 가장 발전한 나라는 중국이다. 미국이나 일본은 사회 인프라가 잘 정비되어 있어 새로운 서비스가 나와도 기존 서비스와 마찰을 일으키면 법 개정을 할 필요가 있기 때문에 자리 잡을 때까지 비교적 긴 시간이 필요하다. 반면 중국은 지난 10년간 급성장했기 때문에 기존의 사회 인프라가 정비되어 있지 않아 새로운 서비스가 나오면 굉장한 기세로 단숨에 확산된다. 이를 '립프로그(leapfrog : 등 짚고 뛰어넘기) 현상'이라고 한다.

중국에서는 가게에서 대개 스마트폰으로 결제하고, 물건도 인터넷에서 구입해 상하이의 쇼핑몰은 텅텅 비어 있다. 우리 회사의 중국지사 사원도 "지갑을 잃어버렸는데도 쓰지 않으니까 1주일 동안 모르고 있었다"고 이야기했다. 거의 모든 가게에서 알리바바의 알리페이나 텐센트의 위챗을 이용해 지불할 수 있다. 현금을 아예 안받는 가게도 있다. 테크놀로지나 새로운 비즈니스 모델의 발상지는 실리콘밸리에서 중국의 상하이 등으로 이동하고 있다. 그중에서도 전자상거래의 개인 간 거래 서비스의 경우 중국의 독자적인 비즈니스 모델이 여럿 생겨나 미국이나 일본의 창업자들도 주목하고 있다.

최근에 급격하게 보급된 서비스를 들자면 자전거 공유이다. 일본의 경우 자전거 공유는 이미 있었지만 중국만큼 보급되어 있지는 않다. 중국에서는 '모바이크'라는 기업이 가장 유명한데, 요금 지불에서 자물쇠 풀기까지 스마트폰으로 해결하고 좋아하는 장소에서 타고 아무 데나두고 가면 된다. 모바일 결제가 널리 보급되어 누가 사용했는지 완벽하게 파악할 수 있는 데다 GPS로 가장 가까운 데 있는 자전거도 금방 검색할 수 있다. 상하이에서지난 1년 사이에 단숨에 보급되었고 경쟁 서비스도 많이나와서 거리에는 공유용 자전거가 흘러넘치고 있다.

중국 자전거 공유의 확산에는 아침 출근 시간에 극심한 교통 혼잡이 벌어지는 환경이 한몫한 듯하다. 중국은 도쿄와 달리 역과 역 사이의 거리가 가깝지 않고 인구도 많기 때문에 아침에는 차량 정체가 심해 출근하는 데 애를 먹는다. 타고 가다 아무 데나 두고 갈 수 있는 자전거라 필요할 때만 부담 없이 사용할 수 있기 때문에 상하이의 도로 사정과 잘 맞았던 것 같다. 시장 점유율이 가장 높은 모바이크는 설립한 지 고작 1년이 지난 시점에 300억 엔 이상의 기업 가치를 자랑하고, 1000억 엔에 가까운 자금 조달에 성공했다.

05

타인의 평가가
'돈'이 된다

공유경제와 약간 맥락은 다르지만 중국은 스마트폰 이용
자가 7억 명이 넘고 평균 연령도 아직 30대로 젊어 새로
운 서비스가 속도감 있게 도입되는 환경이다. 이처럼 거
대한 네트워크에서는 다양한 개인이 정보를 적극적으로
발신하고, 많은 사람들에게 주목받는 블로거나 페이스북
스타가 소비에 엄청난 영향력을 행사한다. 이처럼 대중
의 평가에 의해 가동되는 경제는 '평가경제'라 불리는데,
일본에서도 2011년쯤부터 화제가 되었다. 중국에서 가
장 돈을 많이 벌었다는 소셜미디어 스타는 장다이(Zhang
Dayi)라는 29세 여성인데, 500만 명의 팔로어가 있으며

연간 수입은 50억 엔이 넘는다. 일본의 조그만 상장기업보다 많이 벌고 있는 것이다.

중국에서는 스마트폰 결제 시스템이 이미 자리 잡았고, 인프라가 미비하고 평균 연령이 낮아 새로운 상품과 서비스에 민감하게 반응한다는 점에서 기업을 제쳐두고 개인과 개인이 하나의 경제를 구성하는 사례가 많다. 중국의 실시간 동영상 전송 등은 이제 초거대 시장을 형성하고 있으며 4억 명이 이용하는 일반적인 서비스가 되었다. 스마트폰으로 실시간으로 동영상을 전송하며 시청자와 대화를 나누거나 노래를 들려주거나 재주를 보여주는 사람도 있다. 이용자는 재미있다고 생각하면 유료 아이템을 구입하여 보내주는 '별풍선' 같은 기능이 있고, 서비스 제공자는 받은 아이템을 현금으로 바꾸어 돈을 번다. 인기 있는 유튜버 등은 직장인 평균 월급보다 수십 배나 많은 돈을 벌고 동영상을 보여줌으로써 한 달에 천만 엔 넘게 버는 젊은 여성도 등장하여 작은 사회 현상이 되었다.

2015년 실시간 동영상 전송 시장의 규모는 2천억 엔이 넘고, 2016년에는 5천억 엔이 넘는 시장 규모를 달성한 듯하다. 일본의 모바일 게임 시장 규모에 근접한 것이다. 지금까지는 기업과 개인이 돈거래를 했지만 네트워크형 사회로 이행하면 개인과 개인이 돈거래를 하는 흐름이 주류가 되고 전에는 볼 수 없었던 새로운 경제가 발전하게 된다.

06

토큰경제에
주목하라

공유경제를 더욱 촉진한 것이 바로 토큰경제이다. 공유
경제는 전자상거래나 사회적 기능이라는 면에서 언급하
는 경우가 많고, 토큰경제는 가상통화나 블록체인의 맥
락에서 언급하는 경우가 많아서 이 둘을 전혀 다른 것으
로 파악하는 경향이 있다(실제로 사용되는 기술이나 관련
업계도 다르다).

이 둘은 '분산화'라는 커다란 흐름의 연장선에 있다고 보
아야 할 것이다. 토큰이란 흔히 가상통화를 기반으로 하여
사용되는, 블록체인에서 유통되는 문자열을 가리키는데,
일반적으로는 가상통화나 블록체인에서 기능하는 독자적

인 경제권을 가리키지만 명확히 정의되어 있지는 않다.

토큰경제가 기존 비즈니스 모델과 가장 다른 점은 경제권이 네트워크 안에서 완결되어 있다는 것이다. 종래의 비즈니스 모델에서는 국가가 엔이나 달러 등의 법정통화를 발행하고, 기업이나 개인은 국가가 발행한 통화로 사업을 하고 생계를 꾸린다. 당연하지만 통화 발행자와 생산자, 소비자는 서로 구별되어 있다.

하지만 토큰경제에서는 특정한 네트워크 안에서 유통되는 통화를 생산자가 토큰으로 발행하여 독자적인 경제권을 만들어낼 수 있다. 통화인 토큰의 성격과 유통 규칙도 기업이나 개인, 조직이 자유롭게 설계할 수 있다. 다시 말해 국가 기능의 축소판을, 토큰을 이용해 기업이나 개인이 손쉽게 구현하는 것이다. 또한 유통시킬 수도 있기 때문에 지금까지 값을 매기기 힘들었던 애매한 개념도 데이터로 인식할 수 있다면 토큰으로 시장 가격을 부여할 수 있다.

대규모 토큰경제의 하나로, 메신저 애플리케이션 킥(Kik)이 발행하는 킨(Kin)이 기대를 모으고 있다. 킥은 캐

나다에서 개발된 메신저 애플리케이션으로, 영어권의 10대를 중심으로 전 세계에서 매달 1500만 명 이상이 이용하고 있다. 킥은 머니타이즈[10] 면에서는 이렇다 할 성공을 거두지 못했다. 또한 기존의 페이스북이나 스냅챗 등과 경쟁하는 일이 많았다. 그래서 킥은 애플리케이션 내에서 이용할 수 있는 가상통화를 발행하여 독자적인 경제권을 만들려고 한다. 예를 들면 킥 활성화에 공헌하는 콘텐츠를 올린 크리에이터에게는 보수로 킨을 지불한다거나, 메신저에 광고가 올라올 경우에 이용자에게도 킨을 주는 식이다. 기존 미디어에서 광고가 나타나면 짜증을 내지만 킥에서는 광고가 올라가면 킨을 받는다.

이처럼 킥은 이용자나 외부 크리에이터도 이익을 얻는 경제권 구축을 계획하고 있다. 킨은 비트코인과 교환되고, 현금으로 바꿀 수 있으며, 킨의 가격이 상승하면 보유자는 차액만큼의 이익을 얻을 수 있게 된다. 킥은 가상통화공개를 실시하여 100억 엔 넘는 자금을 조달하는 데 성공했다.

---

10 머니타이즈(monetize)는 인터넷 무료 서비스에서 수익을 올리는 방법을 말한다.

통상의 비즈니스와 토큰경제는 수익을 내는 방법이나 이익에 대한 생각이 전혀 다르기 때문에 사고의 전환이 필요하다. 통화를 발행하는 주체가 손에 넣는 이익을 시뇨리지[11]라고 하는데, 이는 국가의 커다란 재원이 된다. 아주 단순화하면, 통화의 액면가에서 통화를 발행하는 데 드는 비용을 뺀 차액이 통화 발행자의 이익이 된다. 또한 통화의 소유자가 없어질 때 발생하는 실효(失效) 이익도 발행자의 이익이 된다. 토큰경제에서는 토큰을 발행하는 기업이나 개인이 통화 발행 차익을 누릴 수 있지만, 한편으로 발행자는 참여자의 이익을 극대화할 의무가 있다. 엔화를 발행하는 일본 정부가 경기 안정이나 치안 유지 의무를 지는 것과 같다.

독자적인 토큰을 발행해도 이득이 없으면 아무도 오지 않고, 한 번 와도 신용을 잃으면 토큰을 매각하고 경제권에서 곧바로 나가버린다. 토큰경제는 가상에만 존재하는 경제권으로, 국가와 달리 영토가 있는 것도 아니다. 사소

---

11 시뇨리지(Seigniorage)는 화폐의 액면가에서 제조비용을 뺀 이익을 말한다. 다른 말로는 화폐 주조 차익 또는 화폐 발권 차익이라고 한다.

한 문제가 발생해도 참여자가 모두 이탈해 완전히 소멸해버릴 개연성이 있다. 토큰 발행자는 통화 발행 이익을 얻는 대신 뛰어난 경제권을 만들어 잘 유지해야만 한다.

토큰경제에서는 참여자가 늘수록 경제권의 가치가 상승하는 '네트워크 효과'가 작동한다. 토큰도 신뢰하고 받아주는 사람이 없으면 아무짝에도 쓸모가 없다. 경제권에 매력을 느끼고 참여하는 사람이 늘어나면 토큰을 원하는 사람도 늘어나 적절한 타이밍에 팔 수 있기 때문에 계속 갖고 있어도 위험성이 줄어든다. 게다가 참여자가 늘어남으로써 토큰을 받아주는 가게나 서비스도 늘어나고 더 편리해져서 경제권을 지속적으로 넓힐 수 있다.

07

토큰의 종류:
통화형 / 배당형 / 회원권형

나아가 토큰은 가상공간의 문자열 데이터에 지나지 않지만, 현실 세계의 자산과 결부하여 가치를 표시할 수 있다. 현재의 법정통화도 수십 년 전에는 금과 결부되어 있었기에 단순한 종이에 지나지 않은 지폐를 금괴의 가치로 떠받칠 수 있었다. 그후 금본위제가 막을 내림으로써 국가의 신용이 지폐의 가치를 떠받치게 되었다.

토큰도 금괴와 마찬가지로 현실 세계의 실물과 연계함으로써 가치를 표시할 수 있다. 상품이나 부동산 등의 가치를 드러내고 유통시키는 일은 전혀 어렵지 않다. 종래에는 눈에 보이지 않는 '개념'의 가치를 표시하여 유통하기란 굉장히 품이 드는 일이었다. 예컨대 영향력, 신용, 호의와 같은 감정, 시간, 서비스 기능, 디지털 콘텐츠, 문자 등은 기존의 금융이나 경제에서는 표시하기도 산정하기도 어려워 매출이나 이익으로 전환되었을 때에야 비로소 가치를 인식할 수 있었다. 매매하거나 시장에 유통하기도 굉장히 어려웠다. 이렇게 애매모호한 개념도 토큰을 활용해 자유롭게 서로 연결하여 유통시킴으로써 가치를 표시할 수 있다. 이는 증권업계 소관이었지만, 인터넷이 폭넓게 확산된 지금은 금융의 틀만으로는 파악할 수 없다.

토큰은 발행하는 사람이 자유롭게 설계할 수 있고, 크게 세 종류가 있다. 설계에 따라서는 이중 몇 가지 성질을 조합할 수도 있다.

① **통화형 토큰.** 가장 간단하고 알기 쉬운데, 상품을 구입하고 지불에 사용할 수 있는 결제 수단으로 기능하는 토큰이다. 일본 엔이나 달러처럼 통화와 거의 같은 역할을 한다. 예를 들어 어떤 서비스 운영자가 정해진 범위 내에서 사용할 수 있는 토큰을 발행하여 이용자들끼

리 지불할 때 이 토큰을 쓰게 한다. 이렇게 함으로써 이 서비스와 토큰을 가진 사람들이 경제권을 형성해 서비스의 성공과 이용자의 이익이 일치한다. 토큰을 많이 가진 충성도 높은 이용자는 서비스가 실패하면 손해이기 때문에 지지자 역할을 한다. 일본인이라면 라쿠텐 포인트나 T 포인트를 쉽게 연상할 수 있다. 이런 시스템은 블록체인에서 누구나 쉽게 만들 수 있고, 1포인트=1엔 같은 고정 시세가 아니라 경제권의 참여자 수나 편리성에 따라 교환 비율이 바뀌는 변동환율제라고 생각하면 이해하기 쉬울 것이다.

한편 특정 서비스에 머물지 않고 널리 유통되는 통화형 토큰을 만들 경우 이를 사용할 수 있는 서비스를 확보할 필요가 있다. 하지만 서비스 제공자 입장에서는 이용자가 많지 않으면 지불수단으로 받아줄 이유가 없다. 결국 닭이 먼저냐 달걀이 먼저냐 하는 논쟁에 빠지고 만다. 통화형 토큰은 실제로 이용 가치가 있는 서비스가 있을 때 발행하고, 많은 이용자를 확보한 가운데 다른 서비스에서도 사용할 수 있게 하는 방식이 좋다.

② **배당형 토큰.** 특정한 서비스나 기능으로 거둔 수익의 일부를 토큰 소유자에게 나누어주는 토큰도 많다. 다만 이것은 기존의 주식이나 금융 상품에 가까워 관련법의 규제가 적용되는 사례가 늘어날 것이다. 미국의 SEC(증권거래위원회)도 이런 유형의 토큰은 증권으로 간주하고 금융법으로 규제하겠다고 밝힌 바 있다. 배당형 토큰은 수익 모델이 명확해 이해하기 쉬운데 사기 사건이나 분쟁이 많이 일어나기 때문에 각국의 금융 당국은 규제를 강화하거나 금지하는 방향으로 나아갈 것이다.

③ **회원권형 토큰.** 토큰을 보유한 사람이 특별한 할인이나 우대를 받을 수 있는 회원권형 토큰도 늘어나고 있다. 지불하면 사라져버리는 것이 아니라 토큰을 소유하고 있는 동안은 우대를 받을 수 있다는 점이 통화형 토큰과 다르다. 이러한 방식은 예전부터 다양한 영역에서 활용되고 있었다. 예를 들면 아이돌 그룹의 팬클럽 회원이나 레스토랑의 단골손님, 우대 할인을 받는 주주, 이런저런 혜택을 받는 골드 회원 등이다. 가상공간의 토큰을 활용해 누구나 저비용 고효율 서비스를 제공할 수 있어 온

라인 사교 모임이나 특정 애플리케이션 같은 영역에도 적용할 수 있다. 이를 통해 작은 경제권을 많이 만들 수 있을 것이다.

08

비트코인,
가장 성공한 토큰

가장 규모가 크고 성공한 토큰경제는 당연히 비트코인이
다. 통화 발행 차익을 받는 대상까지 분산화되어 있을 정
도로 비트코인은 잘 만들어졌다. 앞에서 말한 토큰경제
에서는 토큰의 설계자가 있고, 설계자가 토큰을 발행하
여 발행 차익을 누리면서도 전체의 경제체제를 어느 정
도 통제하고 있다. 한편 비트코인은 비트코인을 채굴하
는 사람(채굴자)이 실질적으로는 통화 발행 차익(이 경우
는 채굴 차익이라고 해야 할 것이다)을 얻는 시스템이어서
컴퓨터만 있으면 누구든 비트코인을 채굴할 수 있다.

물론 돈 많은 사람이 컴퓨터 자원을 동원해 통화 발행

차익을 독점하고 비트코인의 생태계를 '실질적으로' 지배하는 일도 불가능하지 않다. 다만 특정 참여자의 지배를 싫어하는 사람들은 다른 경제권으로 이동하거나 아예 '분가'해버릴 수도 있다. 실제로 전기요금이 싸다는 강점을 이용한 중국의 채굴자가 비트코인 시스템을 자신들 입맛에 맞게 바꾸려고 했지만, 이에 반대하는 사람들이 다른 시스템을 제창함으로써 결국 비트코인과 비트코인 캐시로 분열되었다.

이처럼 누군가 경제체제 전체를 통제하려고 할 때 이에 반대하는 사람이 등을 돌려 경제권의 가치가 떨어지든가 분열되기 때문에 독점이나 지배가 어려운 시스템이다. 비트코인은 거의 완전하게 분산화가 진행된 경제체제로 기능하기 시작했고, 마치 자연계의 생태계처럼 유기적이고 유연한 네트워크가 되고 있다. 앞으로 공유경제나 토큰경제도 진화해가면 중앙에 관리자가 전혀 없이 자동적으로 돌아가고 계속 확산되는 유기적인 체제로 존속할 것이다.

09

차세대 성공 모델은
'자율 분산'이다

지금까지 인터넷의 보급으로 중앙에 관리인이 있는 대리인형 사회에서 개인이 밀접하게 연결된 네트워크형 사회로 나아가는 '분산화'라는 큰 흐름을 설명하고 이런 흐름의 일부인 공유경제나 토큰경제를 소개했다.

여기서 또 하나의 중요한 흐름인 '자동화'를 간단히 언급해두겠다. 구글이 인수한 딥마인드가 만든 인공지능 '알파고'가 바둑 최고수를 이김으로써 많은 사람이 인공지능의 발전을 목격했다. 특히 딥러닝이라는 기법은 방대한 데이터를 이용해 인공지능이 자율 학습을 하게 함으로써 자동으로 특징값(Feature Value)을 추출할 수 있다. 고양이를 인식시키기 위해 인간이 고양이라는 개념을 애써 가르칠 필요가 없다. 기기는 여러 장의 고양이 그림을 읽어 고양이의 특징을 이해하고 고양이인지 아닌지를 인식할 수 있게 된다. 엄청난 연산이 필요한 과제도 있지만, 컴퓨터의 성능이 좋아지면 간단히 해결될 문제다. 방대한 데이터를 이용해 현재 인간이 하고 있는 지적 노동이 대부분 자동화될 것이다. 심지어 지적 능력조차 인간 고유의 특성이 아니게 될 가능성이 높다.

세상에 방대한 데이터가 흘러넘침으로써 진전되는 '자동화'와, 네트워크형 사회로 이행함으로써 일어나는 '분산화'라는 두 가지 큰 흐름은 다가올 10년을 생각할 때 대단히 중요하다. 이 두 가지가 섞였을 때 일어나는 '자율 분산'이라는 콘셉트가 많은 산업의 비즈니스 모델을 모조리 뒤엎을 것이다. '자율 분산'이라는 말은 별로 들어보지 못했겠지만, 전체를 통합하는 중추 기능이 없이 자율적으로 행동하는 개별 요소의 상호작용에 의해 운용되는 시스템이라고 할 수 있다. 앞에서 말한 자연계처럼, 절대적인 지배자나 관리자가 없이 개별 구성원이 뿔뿔이 흩어져 행동하는데도 알맞게 균형을 잡으며 돌아가는 체제를 말하다. 전형적인 예가 인터넷이나 비트코인이다. 인터넷도 비트코인도 관리자가 없다. 그러나 문제가 생기면 전 세계의 참여자들이 머리를 짜내 해결책을 만들어내려고 궁리한다. 마치 전체가 하나의 생명체 같다.

블록체인 등의 기술이 중앙집권적인 조직, 사업, 체제를 분산화하고 딥러닝 같은 자동화 기술이 인간을 대신하여 전체를 최적화하여 이 자율 분산형 시스템이 차세대 성공 모델로 자리 잡을 가능성이 높다. 공유경제, 블록체인, 딥러닝, 사물인터넷 등은 언뜻 뿔뿔이 흩어진 기술 트렌드처럼 보이지만, 자율 분산형 시스템을 실현하는 것이라는 사실이 분명해질 것이다. 관련 프로젝트도 이미 시작되었기 때문에 몇 가지를 소개하겠다.

10

무인 헤지펀드:
인공지능과 블록체인의 결합

누메라이(Numerai)라는 프로젝트가 있다. 간단히 말해 인공지능과 블록체인에 의해 운용되는 무인 헤지펀드이다. 보통 투자 펀드는 출자자에게 돈을 받아 펀드 매니저가 운용 기법을 결정하고, 금융시장 분석가(quants)가 분석하고, 증권 매매업자(trader)가 포트폴리오를 조정하여 운용한다. 이익이 나면 출자자에게 환원하고 그중 일부가 펀드의 수입이 된다. 누메라이는 이런 과정을, 테크놀로지를 활용하여 자율 분산화하는 시스템이다. 만 명 이상의 데이터 사이언티스트(Data Scientist)가 기계 학습을 이용하여 투자 모델을 만들어 누메라이에 업로드해나간다. 해당 모델로 자금을 운용해 수익이 생기면 누메라이가 발행하는 토큰이 데이터 사이언티스트에게 보수로 분배된다. 토큰은 비트코인 등과 교환할 수 있고 법정 통화로 바꿀 수도 있다.

누메라이는 여러 테크놀로지를 활용하여 투자 펀드 시스템을 자율 분산형으로 변환했다. 크라우드소싱 기법을 사용해 전 세계의 데이터 사이언티스트를 네트워크화하여 그들이 기계 학습으로 만든 투자 모델로 운용하고, 성과에 따라 블록체인에 기술된 규칙에 따라 자동으로 보수를 나누어 준다. 데이터 사이언티스트도 투자자도 상대가 누구인지 모른다. 더 뛰어난 투자 모델을 만든 데이터 사이언티스트일수록 많은 보수를 받기 때문에 그들끼리 경쟁하여 더 나은 모델을 만들게 된다. 경쟁 원리가 작동하는 것이다. 더욱이 보수는 블록체인에 프로그래밍된 규칙대로 자동 분배되기 때문에 인간의 자의성이 끼어들 여지가 없다.

크라우드소싱, 인공지능, 블록체인을 잘 조합함으로써 자율 분산 시스템을 실현할 수 있다. 이는 투자 펀드 이외에도 다양한 기업 형태에 적용할 수 있고, 인건비나 운용비를 획기적으로 절감해 완전히 새로운 수익 시스템을 구현한다. 현재 이러한 기술을 한 회사에서 모두 망라하기는 매우 어렵다. 다만 기술 발전과 확산과 더불어 이러한 기술을 다루는 엔지니어가 늘어나면 저비용으로 전문 지식 없이도 사용할 수 있게 될 것이다. 10년 이내에 누구든 싼값으로 자율 분산 시스템을 구축할 수 있으리라 본다.

11

무인 편의점:
사람 없이 돈을 버는 자판기

일본에도 스스로 바코드를 찍어 계산하는 '셀프 계산대'
가 있지만 중국은 더욱 앞서가고 있다. 얼마 전 중국의
스타트업 '빙고박스(BingoBox)'가 무인 편의점을 열어
화제가 되었다. 시스템도 굉장히 흥미롭다. 우선 이 편의
점은 전자 잠금장치가 되어 있다. 이용자는 입구의 바코
드를 스캔해서 위챗의 계좌 인증을 해야만 안으로 들어
갈 수 있다. 인증이 끝나면 자물쇠가 저절로 열려 편의점
안으로 들어갈 수 있다. 상품을 계산대의 식별 구역에 올
리면 가격이 표시되고 계산대 화면에 표시되는 바코드를
스마트폰 앱으로 스캔하면 지불이 완료된다.

만약 계산을 끝내지 않고 상품을 들고 도망치려고 해도 입구의 잠금장치가 열리지 않기 때문에 편의점 안에 갇히고 만다. 중국에는 SNS나 스마트폰 결제에 신용점수(Credit Score)가 있는데, 범행을 저지르거나 하면 이 점수가 떨어져 SNS나 스마트폰 결제를 못하게 될 수가 있다. 스마트폰으로 결제하지 못하면 사실상 모든 서비스에 대한 비용을 지불할 수 없게 되어 불편하기 짝이 없다.

빙고박스는 특별히 새로운 테크놀로지가 아닌 기존 결제 시스템과 스마트 록을 결합하여 무인화를 실현하고 있다. 한마디로 큼직한 자동판매기를 설치하는 셈이다. 더 나아가 전국의 무인 편의점에서 이용할 수 있는 결제형 토큰, 갖고 있으면 할인을 받을 수 있는 우대 토큰, 영업 수입의 일부가 분배되는 배당형 토큰 등을 발행함으로써 독자적인 경제권을 만들 수도 있다. 이 무인 편의점에 대한 투자를 부동산 투자처럼 다룰 수도 있다.

사물인터넷, 인공지능, 블록체인이 서로 뒤얽히면 이처럼 자율적으로 계속 돌아가는 경제권을 만들 수 있어 기존의 비즈니스 수익 시스템을 완전히 바꿔버리는 파괴력이 있다.

12

새로운 경제권을
만들라

새로운 테크놀로지의 발달에 의해 경제는 스스로 '만드는' 것으로 변해가고 있다. 일찍이 경제를 만드는 것은 국가의 전매특허였다. 조폐공사를 만들어 금은동으로 경화(硬貨)를 만들고, 위조하기 어려운 기술을 개발해 지폐를 대량으로 발행하고, 중앙은행이 통화 공급량을 조정하는 등 경제체제를 구축하는 데 막대한 비용과 권력이 필요했다.

지금은 스마트폰이나 블록체인 등의 테크놀로지를 이용하면 개인이나 기업이 간단히 통화를 발행하여 나름의 경제권을 만들 수 있다. 블록체인을 활용하면 가치를 이

전할 때 발생하는 이익도 네트워크 전체에 보존되기 때문에 일부러 변경하기도 어렵다. 다시 말해 지금 '경제의 민주화'가 일어나고 있는 것이다.

테크놀로지에 의해 사회가 극적으로 변화한 예로 '활판인쇄술'의 발명이 있다. 활판인쇄술이 등장하기 전에는 인간이 지식을 보존하고 공유하는 수단이 없어 구두로 전승해왔다. 책을 만드는 데는 막대한 비용이 들기 때문에 일부 특권 계급을 제외하면 책을 만들거나 읽을 수도 없었다. 당시 지식은 성직자나 귀족 등이 독점하는 상태였고, 시민은 지식을 얻을 길이 거의 없었다. 15세기에 독일의 구텐베르크가 활판인쇄술을 발명하여 책을 값싸게 대량 생산할 수 있게 되었고 사회는 극적으로 변해갔다. 일반 시민도 서적을 싸게 구입할 수 있게 되자 인류는 지식을 축적하고 공유할 수 있게 되었다.

그러자 사상이나 철학 등의 학문이 활기를 띠고 도서관이나 대학 같은 근대 교육 시설이 만들어졌다. 지식을 보존하고 공유할 수 있게 된 인류는 급속히 문명을 발달시키게 되었다. 그후 산업혁명이 일어나 왕이나 성직자는 역사의 무대에서 내려오고 자본주의와 민주주의를 일구어낸 상인, 지식인, 군인이 사회의 주역이 되어 현대 사회의 기초를 구축해간다. 현대에 이르러 인터넷이 탄생하고 구글이 등장함으로써 이런 흐름이 더욱 가속화하여 지식은 생필품이 되고 '박식'한 것은 가치를 잃게 된다.

이러한 변화는 구텐베르크가 활판인쇄술을 발명하여 '지식의 민주화'를 이루었기에 일어났다. 마찬가지로 오늘날 테크놀로지에 의해 '경제 민주화'가 진행되고 모든 사람이 경제권을 자신들 손으로 만들 수 있게 되면 사회는 상상 이상으로 급격히 변할 것이다. '지식'과 마찬가지로 '돈'도 생필품처럼 되어 지금처럼 귀중한 물건 대우를 받지는 못할 것이다. 지금도 검색만 하면 온갖 지식이 쏟아지니 이런 지식과 정보의 활용법이 중요해졌다. 마찬가지로 돈 자체는 가치가 없어지고 경제권을 만들어 운영하는 노하우가 중요한 시대로 바뀔 것이다.

2부

MONEY 2.0
'자본주의 사용법'

1990년대 후반, 현대 자본주의에 대한 의구심이 일어나고 리먼 사태가 터져 이런 흐름이 더욱 가속화되었다. 금융위기는 여러 차례 되풀이되었지만, 리먼 사태로 금융 세계가 실물경제와 너무나 동떨어져 있다고 느낀 사람이 많아진 듯하다. 그들은 수학자를 동원하여 복잡하기 짝이 없는 금융 상품을 만들었고 이것이 어떤 원리에 의해 운용되는지는 만든 사람이 아니면 알 수 없을 정도였다. 당연히 일반인은 가늠할 수도 없다.

우리 회사에서도 여러 시장의 데이터 분석을 하는데, 가장 예측하기 힘든 시장이 주식시장이나 환시장 등의 금융시장이다. 소매시장이나 미디어의 경우 봐야 할 지표의 개수가 많지 않고 외부 요인에 의한 변화도 제한돼 있다. 그러나 금융시장은 봐야 할 지표가 많고 개별 지표가 복잡하게 얽혀 있기 때문에 예측하기가 극히 어렵다. 또한 일단 법칙성을 이해했다고 해도 외부 환경의 변화에 의해 예측 모델이 금방 무용지물이 된다. 이처럼 다루기 힘든 상품인데 위험 분산으로 리스크를 획기적으로 줄였다며 대량 판매했기 때문에 리먼 사태 같은 금융위기가 일어날 수밖에 없었다. 이후 사회적 기업이나 NPO

의 활동에 주목하는 젊은이가 늘어난 것 같다. 이제 많은 사람들은 자본주의 자체를 의심하기 시작했다. 인간은 균형을 잡고 싶어 하는 동물이라 놀라운 풍요를 선사한 괴물 같은 힘에 두려움을 느끼게 된 것이다.

자본주의와 금융업계에서 일어난 비극은 수단 자체를 목적으로 삼아 극단적으로 밀고 나간 데서 비롯되었다. 원래 돈은 가치의 교환, 보존, 척도 등의 기능을 하며 은행이나 증권도 산업 활동과 가계의 살림살이를 지원해주는 역할을 했다. 돈은 도구에 지나지 않았다. '돈을 불린다'는 행위, 다시 말해 돈벌이라는 수단이 지나치게 강조되어 많은 사람이 그것만 보게 되었다. 결과적으로 실물 경제나 사람들의 생활과 전혀 관계없는 데서 돈만 움직이게 되었다.

이와 비슷한 이야기로, 대학 입시가 있다. 장래에 뭔가 하고 싶은 일이 있어 대학에 가려고 입시 공부를 했는데도, 성적 올리는 데만 몰두하여 무엇 때문에 대학에 가고 싶었는지를 잊어버리는 식이다. 돈이 돈을 낳고 그저 돈 다발을 쌓아올리는 데 혈안이 된 세상에 사람들은 넌더리를 내고 다른 방안을 생각하게 되었다.

1장

자본주의의 한계

01

투자처를 찾아 헤매는
금융자본

실제로 우리 생활과 밀접한 연관이 있는 경제체제에는 성질이 다른 두 가지 경제가 혼합돼 있다고 할 수 있다. 노동을 해서 임금을 받고 편의점에서 상품을 구입해 돈을 지불하는 시스템은 '소비경제(실물경제)'라 불린다. 사람들은 대부분 이 경제 안에서 살고 있을 것이다. 또 하나는 돈이 돈을 낳는 시스템으로, 이는 '자산 경제(금융경제)'라고 불린다. 주로 이런 경제와 연관된 사람은 극소수 자산가나 금융인 등이다.

세상에 유통되고 있는 돈의 90퍼센트는 자산 경제 부문에서 생겨난다. 일상생활에서 옷을 사거나 밥을 사 먹는 데 쓰는 돈은 전체 화폐 유통량의 10퍼센트도 안 된다. 큰돈을 굴리는 사람들, 주식을 사고파는 사람들, 금리 수입으로 먹고 사는 사람들은 좀처럼 눈에 띄지 않는다. 아무튼 통계에 따르자면, 많은 사람들에게 친숙한 소비 경제가 아니라 소수의 사람이 운용하는 자산 경제가 돈의 흐름을 주도하고 있다. 소비는 물건이나 서비스가 관련되기 때문에 교환에 시간이 걸리지만, 돈이 돈을 버는 금융 활동은 컴퓨터에서 빛의 속도로 데이터를 주고받으면 그걸로 끝이다. 관광객이 환전하는 금액과 투자은행의 환시장 딜러가 다루는 금액은 단위 자체가 다르다. 전체 경제는 이 10퍼센트 정도의 소비 경제에 90퍼센트의 자산 경제가 올라탄 형태로 구축되어 있다. 자산 경제는 소비 경제에서 발생하는 금리나 수수료로 성립하기 때문에 소비 경제가 약간만 변동해도 크게 움직인다. 지진이 일어났을 때 1층과 100층의 움직임을 상상하면 이해하기 쉬울 것이다.

지금은 이 소비 경제에 대한 자산 경제의 비율이 점점 커져 경제가 더욱더 불안정해졌다. 오히려 사람들은 소비를 하지 않게 되었고, 실제로 선진국의 경우 소비 경제가 위축되고 있는 듯하다. 미니멀리스트가 늘어나고, 유니클로처럼 싸고 좋은 제품을 구할 수 있으며, 돈이 많이 드는 차나 집은 구입하지 않고도 불편 없이 살아갈 수 있다.

한편, 자산 경제가 점점 확대되고 있어 전 세계에서 금융자본은 투자처를 찾아 헤매고 있다. 이제 이율이 좋은 금융 상품이 없어졌기 때문에 돈은 있지만 투자할 데가 없는 상황이다(어디까지나 자산 계급의 이야기). 일본에서는 기업의 사내유보금이 역대 최고인 406조 엔이 되었다. 소프트뱅크도 사우디아라비아 정부 등에서 자금을 조달하여 10조 엔의 펀드를 만들었고 전 세계의 테크놀로지 기업에 적극 투자하고 있다. 워런 버핏이 이끄는 버크셔 해서웨이도 10조 엔의 현금을 어떻게 굴려야 할지 몰라 한창 골머리를 앓고 있는 중이다.

이처럼 자산 경제가 차지하는 비중이 커지고 돈이 여러 곳에서 정체되기 시작하여 마땅한 투자처를 찾아보기 어려운 상황이다. 자금 조달이 용이한 환경이기 때문에 역으로 돈의 가치가 계속 떨어지고 있다. 반대로 늘리기가 어려운 신뢰나 시간, 개성 같은, 돈으로 살 수 없는 것의 가치가 올라가고 있다.

02

MONEY 2.0
'가치'를 상품으로 만들라

언제부턴가 사람들은 돈은 안 되지만 가치 있는 활동을 하고 싶어 했다. 예컨대 NPO의 사회 공헌 활동이나 일본의 지방창생[12] 같은 프로젝트이다. 그동안 돈의 중요성이 지나치게 강조되었고 돈이 안 되는 일, 재무제표에서 자산 취급을 못 받는 항목은 거들떠보지도 않았다. 반대로 누구도 존재 가치를 느끼지 않지만 돈이 되기에 떠받드는 일도 있다. 이 체제를 주도하는 자본가들과 보통 사

---

12 지방창생(地方創生)은 제2차 아베 정권(2012~2014)에서 내건 도쿄 일극 집중을 시정하고 지방의 인구 감소를 억제하여 일본 전체의 활력을 키우는 것을 목적으로 한 일련의 정책을 가리킨다.

람들이 생각하는 가치가 너무나 달라서 많은 이들이 위화감을 느끼게 되었다. 자본주의가 발달할수록 돈의 힘이 강해지고 사람들이 느끼는 가치와는 동떨어진 채 돈이 홀로 증식해갔다. 돈은 가치를 내팽개쳤고 이에 반발한 사람들은 정반대 방향으로 나아가고 있다.

IT 등의 새로운 테크놀로지가 생겨나자 여러 분야에서 변화가 일어났다. 인류 역사에서 종이는 기록 수단으로 가장 총애를 받았지만, 지금은 문자를 전자적으로 기록하여 자유롭게 보낼 수 있어 종이는 이제 여러 선택지 중의 하나가 되었다. IT는 가치의 교환도 전자적으로 처리하므로 기존의 '돈' 역시 가치를 매개하는 한 가지 수단으로 바뀌게 된다.

요컨대 지금 돈이 가치를 매개하는 유일한 수단으로 군림하던 '독점'이 끝나가고 있다는 것이다. 가치를 보존, 교환, 측정하는 수단이 꼭 돈이어야 할 이유가 없어진 것이다. 국가가 발행하는 통화가 아닌 다른 수단을 사용하더라도 가치를 교환할 수 있게 되면 이용자는 가장 편리한 쪽을 선택할 것이다. 국가가 발행하는 통화이든 기업이 발행하는 포인트이든 비트코인 같은 가상통화이든 상관없다. 직접 만나 교환할 수도 있을 것이다. 이렇게 되면 사람들은 '돈'이 아니라, 돈의 근원인 '가치'에 주목하게 된다. 가치를 극대화해두면 여러 가지 방법으로 최적의 시기에 다른 가치와 교환할 수 있을 것이다. '가치'가 상품이라면 '돈'은 상품의 판매 채널 같은 것이다.

예컨대 돈은 한푼도 없지만 많은 사람에게 주목을 받고 있어 트위터의 팔로어가 100만 명이 넘는 사람이 사업을 하려 한다고 치자. 곧바로 타임라인에서 동업자를 찾고 크라우드펀딩을 통해 자금을 모으고 필요하면 팔로어에게 지식과 경험을 빌릴 수 있다. 이 사람은 화폐로 환산하기 어려운 '다른 사람의 주목'이라는 가치를, 필요할 때에 인맥, 돈, 정보 같은 가치로 전환할 수 있다. 1억 엔의 저축과 100만 명의 팔로어 중 무엇이 더 나은지는 사람에 따라 달리 생각하겠지만, 오늘날 사람들은 인터넷 덕분에 자신의 가치를 보존할 방법을 선택할 수 있게 되었다.

03

데이터의 가치가
상승한다

기업의 가치는 재무제표에 반영돼 있다. 올해는 어느 정도의 매출과 이익을 냈는지, 자산과 부채의 현황은 어떤지, 그날그날 자금은 늘어났는지 등의 다양한 관점에서 기업의 가치를 측정할 수 있다. 최근에는 이런 흐름이 바뀌고 있다. 지금의 회계나 세무는 인터넷이 탄생하기 전에 생긴 것으로, 산업혁명 때 물건을 제조하거나 토지를 매매하는 사업을 전제로 해서 관련 규칙이 만들어졌다.

알다시피 선진국에서는 물건이 흘러넘치기 때문에 제조업은 한물가고 있다. 대신 물건을 취급하지 않는 서비스업이 중심이 되고 온라인에서 완결되는 사업이 주목받고 있다. 이처럼 산업의 축이 이동하는 가운데 물건이나 토지를 전제로 만들어진 현대의 재무제표로는 기업이나 사업의 가치를 올바르게 평가할 수 없다. 물론 무형 자산으로 재무제표에 반영할 수도 있지만, 그것은 일부에 불과하다. 예컨대 웹 서비스를 하고 있는 회사의 최대 자산은 자사 서비스의 이용자이다. 여기서 얻은 구매 행동 데이터도 중요한 가치가 있다. 하지만 이런 것은 현재의 재무제표에는 전혀 반영되지 않는다.

이전에 세프테니(septeni) 사의 사토 고키 사장과 식사를 하면서 아주 흥미로운 이야기를 들었다. 해외의 일부 기관투자가는 종업원의 만족도 조사 데이터를 투자 판단에 참고하는 모양이다. 매우 합리적인 발상이다. IT 관련 기업은 재무제표에 기업의 경쟁 우위 가치가 전혀 반영되지 않기 때문에 해당 기업의 장래성을 예측하기 어렵다. 상품을 제조 판매하지 않는 기업, 특히 인터넷 기업은 '사람'이 중요하다. 기업의 성장은 우수한 인재가 보람을 갖고 일할 수 있느냐에 달려 있다. 실리콘밸리에서도 구글이나 페이스북, 아마존 등이 우수한 인재를 유치하기 위해 높은 임금과 복리후생을 앞세워 홍보전을 펼치고 있다. 우수한 두뇌가 모이는 기업은 혁신적인 서비스를 내세워 시장을 견인하고 우수한 인재가 빠져나간 기업은 도태될 수밖에 없다.

3년 이상의 중기 성장을 예측할 때 기업이 얼마나 인기가 있는가, 그리고 우수한 사원들이 만족스럽게 일하고 있는가를 기초로 삼아 판단하는 것은 매우 합리적인 방식이라고 할 수 있다. 어쩌면 앞으로는 종업원 만족도 같은 데이터도 '자산'으로 인식되어 기업 가치에 추가될지도 모른다.

상품을 취급하지 않는 인터넷 기업에서 재무제표에 기입되지 않는 항목 둘을 꼽자면 '인재'와 '데이터'이다. 현재의 금융인들은 서버에 있는 데이터를 무가치한 요소로 치부하고 만다. 하지만 인터넷 기업에서는 이 데이터가 황금 같은 것이어서, 회원, 구매, 광고 데이터 등을 잃어버린다면 폐업을 할 수밖에 없다. 의자나 컴퓨터 같은 비품을 잃어도 인터넷 기업은 전혀 타격을 받지 않는다. 그러나 데이터를 잃어버리면 끝장이다. 데이터야말로 가치이고 돈을 벌어들이는 '자산'인 것이다. 현재의 금융이나 회계에서는 이를 감안하지 않기 때문에 곤란한 일들이 발생하고 있다.

2004년 오타쿠 같은 대학생 저커버그가 만든 대학생을 위한 만남 서비스가 설마 일본 최대의 자동차 제조사인 도요타의 기업 가치를 훨씬 상회하는 히트작이 될 거라고 예상한 사람은 얼마나 될까. 페이스북의 기업 가치가 1조 엔 정도(현재는 50조 엔)였을 때도 매출이나 이익은 무척 적었기 때문에, 재무제표로 기업의 가치를 판단하는 금융인들은 '거품'이 잔뜩 끼었다고들 했다. 당시 페이스북의 이용자는 이미 수억 명에 달했고, 돈을 들여 광고를 하지 않았는데도 사람이 사람을 부르며 절로 확산되어갔다. 페이스북의 최대 가치는 이용자 데이터였고, 그것의 가치를 돈으로 바꾸지 않았을 뿐이었다. 만약 이러한 이용자의 행동 데이터도 자산으로 취급해 기업 가치에 반영할 수 있다면, 전문가들이 섣부른 평가는 하지 않았을 것이다. 기존 금융의 틀은 점점 현실 세계의 가치를 바르게 인식할 수 없게 되었다.

예컨대 연 매출이 20억 엔밖에 안 되는 와츠앱을 페이스북이 2조 엔에 인수했는데, 금융계의 시각으로 보면 너무 비싼 거래다. 다만 전 세계 4억 명의 소통을 뒷받침하는 인프라 가치를 생각하면 타당하다고 할 수 있다. 와츠앱은 자신의 가치를 현실 세계의 '자본'으로 전환하지 않았을 뿐이었다. 18조 엔 가까운 페이스북의 시가총액도 전 세계 12억 명의 소셜 클럽이라는 '가치'가 떠받치고 있음을 알기 때문에, 그들은 기꺼이 2조 엔을 지불했던 것이다.

또 한 가지 예로 구글을 들겠다. 구글의 시가총액은 약 70조 엔인데, 이는 일본 IT 기업 전체의 시가총액을 합친 것보다 훨씬 많다. 2016년도에 매출이 8조 엔, 영업이익이 2조 엔에 이르렀는데, 수치만 보면 이보다 큰 회사는 일본에도 있기 때문에 과대평가되었다는 느낌이 들 수도 있다. 구글은 검색엔진이나 안드로이드 운영체제, 유튜브에서 얻는 정보를 데이터로 축적하고, 이를 애드워즈(AdWords)의 광고 시스템을 통해 현실 세계의 매출이라는 자본으로 전환할 수 있다. 현재의 회계 기준에서는 정보(서버상의 로그)를 자산으로 계상할 수 없기 때문에, 우리가 손익계산서(PL)/대차대조표(BS)에서 보는 회사의 규모와 현실 세계의 영향력은 커다란 괴리가 있다.

구글은 정보라는 '가치'도, 총매출이라는 '돈'도 단위만 다를 뿐이라 재무제표에 똑같이 반영하고 있을지도 모른다. 그들이 가진 정보로 매출 20조 엔 정도는 올릴 수 있다고 본다(수익 모델과 광고를 늘리면 되기 때문에). 만약 정보를 돈으로 전환하는 수량을 의식적으로 조절하고 있다면 구글의 실제 자산은 훨씬 더 클 수도 있다. 자본주의에서는 돈이 기업을 통제하지만, 구글은 자신들이 돈을 통제한다고 말할 수 있다.

앞에서 말한 두 회사는 모두 IT 기업인데, 앞으로 모든 기기와 장치, 산업이 인터넷에 연결되면 'IT 기업'이라는 분류 자체가 사라질지 모른다. 테크놀로지의 발달로 데이터를 '가치'로 인식하게 되었고, 돈으로는 계상할 수 없는 '가치'를 중심으로 회사가 성장하고 있다. 이런 현상은 기존 금융의 틀이 한계에 이르렀음을 말해준다.

04

가치주의에
눈을 떠라

거듭 말하지만 오늘날 자본주의에서 돈은 현실 세계의
가치를 올바로 인식, 평가할 수 없게 되었다. 앞으로 세
계는 가시화된 '자본'이 아니라 돈과 같은 자본으로 변환
되기 전의 '가치'를 중심으로 발전할 것이다. 나는 이 흐
름을 '자본주의'가 아니라 '가치주의(valueism)'라고 부
른다. 이 둘은 비슷한 것 같지만 다른 규칙에 따른다. 자
본주의에서 의미가 없다고 간주되는 행위도 가치주의에
서는 의미 있는 행위로 평가 받을 수 있다.

자본주의에서 가장 중요한 일은 한마디로 '돈을 늘리
는 것'이다. 어떤 서비스를 많은 사람들이 열심히 이용한

다 해도 이를 '돈'으로 바꿀 수 없으면 자본주의 경제에서는 무시된다. 반대로 실제 가치는 없다고 해도 돈과 자본으로 전환할 수만 있으면 누구나 손에 넣으려 든다. 가치주의에서는 말 그대로 가치의 극대화가 가장 중요하다. 가치란 굉장히 모호한 말이지만, 인간의 욕망을 충족하는 실용성(사용 가치, 이용 가치)이나, 윤리적이고 정신적인 관점에서 진, 선, 미, 애 등 인간 사회의 존속에 도움이 되는 개념을 가리킨다. 또한 희소성이나 독자성을 가치로 생각하기도 한다. 기존 자본주의 경제에서 욕망을 충족하기 위한 사용가치는 우리에게 익숙하다. 하지만 가치주의에서 말하는 가치란 이 사용가치에 머물지 않는다. 흥분, 호의, 선망 같은 인간의 감정이나 공감, 신용 같은 관념도 소비할 수는 없지만 훌륭한 가치라고 할 수 있다. 가치주의에서의 '가치'의 예를 들자면 경제적 실용성, 정신적 효용, 사회 전체에 긍정적인 영향을 미치는 행위 등이다.

지금까지는 소비의 관점에서 사용가치만을 다루었지만, 이처럼 풍요로운 사회에서 젊은이들은 흥분이나 공감 같은 정신적인 요소나 사회 공헌 활동 등을 점점 더 중시하고 있다. 좋은 대학을 나와 초일류 기업에도 취직할 수 있는 엘리트가 NPO나 사회적 기업 활동에 전념하면 자본주의에서는 비합리적인 선택이라고 하겠지만, 가치주의에서는 합리적인 진로 선택이라고 할 것이다.

'가치'를 높여두면 언제든 돈으로 바꿀 수 있고, 돈 이외의 물건과 교환할 수도 있게 된다. 돈은 가치를 자본주의 경제에서 사용할 수 있는 형태로 변환한 것에 지나지 않고, 가치를 매개하는 한 가지 선택지에 불과하다. 인기 있는 유튜버일수록 돈을 잃는 것은 두렵지 않지만 팬을 잃는 것은 두렵다고 말한다. 자신의 가치는 동영상을 보는 팬들의 '흥미'와 '관심'에서 나오고, 돈은 가치의 일부를 변환한 것에 지나지 않는다는 사실을 잘 이해하고 있기 때문이다. 그들에게는 팬이나 이용자의 흥미, 관심이라는 정신적인 가치를 극대화하는 것이 가장 중요하다.

'자본'의 극대화에서 자본의 근원인 '가치'의 극대화로 초점이 옮아가면 세상은 어떻게 변해갈까?

이런 관점을 사회 전체에 확대 적용해보면 상당히 큰

변화가 나타날 것이다. 예를 들어 '가치'라는 관점에서는 정치와 경제를 명확히 구별하는 것이 의미가 없음을 알게 된다. 시장경제에서는 인간의 욕망을 자극하고 '더 나은 생활을 하고 싶다'고 생각하는 사람들의 열망을 북돋운다. 돈과 시장을 이용해서 말이다. 경제는 개인의 생활을 더욱 향상시키는 역할을 한다. 그리고 민주정치에서는 의회와 정부가 다양한 목소리를 경청하고 설득과 타협을 통해 더 나은 결정을 내리려 한다. 정치는 특수 계층이 아닌 국민 전체의 생활 향상을 지향하는 것이다.

이 시장경제와 민주정치가 사회의 두 바퀴 역할을 수행하며 균형이 잡힌 상태가 현대사회이다. 시장경제가 해결하기 힘든 과제를 민주정치가 떠맡고 민주정치가 주도하기 힘든 영역을 시장경제가 담당하는 식이다. 이를 가치라는 관점에서 다시 파악하면 경제와 정치는 접근 방식이 다른 동일한 활동으로 분류할 수 있다.

빈곤 추방은 원래 정치의 과제였지만, 유누스의 그라민은행처럼 경제에서 해결책을 내놓을 수 있다. 구글이나 페이스북 역시 인터넷을 사용할 수 없는 나라에 무료로 와이파이 시스템을 제공하려 하고 있다. 물론 사업의 일

환이고 기회를 창출하는 활동이기도 하지만, IT 인프라가
부실한 지역의 수십억 인구에게는 커다란 혜택이다.

가치주의 관점에서는 제공하는 가치와 경제적 성공이
밀접하게 연결되기 때문에 더 많은 사람에게 가치를 제
공하려 할 경우 사업은 결국 '공익성'을 띠게 된다. 한편
민간 조직이 빈곤 추방 같은 과제를 설정하고 이를 실현
하려 하면, 기부금이나 세금에 의존하지 않는 사업의 '지
속 가능성'이 요구될 것이다. 경제 활동에는 '수익성'이
요구되고 정치 활동에는 '지속 가능성'이 요구된다. 이렇
게 되면 경제와 정치의 경계가 점점 모호해질 것이다. 가
치주의란 양자의 경계에 존재하는 개념이다. 가치주의의
특징과 이를 통해 예측 가능한 변화를 소개하겠다.

05

가치의 세 종류:
유용성 / 내면 / 사회

우리가 보통 사용하는 '가치'라는 말에는 여러 가지 의미가 포함되어 있다. 흔히 언급되는 가치는 ① 유용성이 담긴 가치 ② 내면의 가치 ③ 사회적 가치 세 가지로 분류된다.

① **유용성이 담긴 가치.** 이는 가장 친숙하고 자본주의에서 주로 다루어지는 가치이다. 경제, 경영, 금융, 회계등에서 가치라는 말이 나오면 바로 유용성, 유익성, 실용성이 담긴 가치를 가리킨다. 한마디로 '도움이 되는가?'라는 관점에 기반을 둔 가치이다. 현실 세계에서 사용하

고 돈을 벌 수 있다는 식의, '이익'을 전제로 한 가치이다. 현재의 틀에서 자본으로 전환하는 것을 전제로 한 가치이다. 그러므로 직접 돈으로 연결되지 않는, 현실 세계에서 이용할 수 없는 것은 유용성이 없다.

② **내면의 가치.** 실생활에 도움이 되는가, 하는 관점과는 별개로 인간의 감정과 연결된 가치를 말한다. 애정, 공감, 흥분, 호의, 신뢰 등은 실생활에 도움이 되진 않지만, 개인의 내면에 긍정적인 영향을 미칠 경우 가치 있다는 평가를 받는다. 유용성의 관점에서 생각하면 개인이 마음속으로 어떤 생각을 하고 어떻게 느끼는가는 아무런 의미가 없다. 하지만 내면의 가치라는 관점에서 보면 아름다운 경치를 보거나 친구와 즐겁게 지냈을 때 피어나는 감정은 충분히 가치가 있다.

③ **사회적 가치.** 자본주의에서는 개인이 각자 이익을 추구하면 사회 전체가 이익이 된다고 본다. 한편 자선 활동이나 NPO 활동처럼 개인이 아닌 사회 전체의 지속성을 높이는 활동도 사람들은 가치가 있다고 평가한다. 금

융이나 경영의 관점에서 생각하면 이런 활동은 그저 비용을 지출하는 행위에 지나지 않고, 어떤 가치가 있다고 할 수는 없다. 하지만 사막에 나무를 심는 사람들이나 개발도상국에 학교를 세우는 사람의 행동이 가치 있다고 생각하는 사람도 많을 것이다.

이처럼 '가치'라는 말을 할 때도 우리는 서로 다른 세 가지 개념을 구별하지 않고 사용하고 있음을 알 수 있다. 이 모든 것이 우리 뇌의 보상회로를 자극하는 현상이고, 뇌는 이를 모두 '보상'의 관점에서 파악할 수 있다.

2장

가치주의의 발견

01
자본주의의 문제점을
보완하는 가치주의

자본주의의 문제점은 유용성만을 가치로 인식하고 다른
두 가지 가치를 무시해온 데 있다. ① 유용성이 담긴 가
치만을 추구하고 ② 내면의 가치와 ③ 사회적 가치를 무
시하면 무너지게 된다. 예컨대 회사의 이윤만을 앞세워
직원을 가혹한 노동 환경으로 내몰면서 사회적 의미를
창출하지 못하는 기업은 우수한 인재를 끌어들이지 못하
고 내부 고발이나 사원의 이탈을 초래하며 소비자의 공
감도 얻지 못한다. 결국 성장이 정체되거나 망할 가능성
이 높다. 아무리 자본주의 사회라 해도 ②와 ③을 무시해
서는 오래 지속할 수 없다.

가치주의에서는 ① 유용성이 담긴 가치만이 아니라 ② 인간 내면의 가치 ③ 전체의 지속성을 높이는 사회적 가치도 높이 평가한다. ①에 비해 ②나 ③은 실체가 없고 모호하기 때문에 테크놀로지를 활용해야만 한다. 뒤집어 생각하면 가치주의란 자본주의와 전혀 다른 패러다임이 아니라 지금까지 자본주의가 인식하지 못한 영역을 테크놀로지의 힘을 이용해 활용하는, 자본주의가 한 단계 진보한 형식이라고 생각할 수 있겠다.

　자본주의 경제에서 타자의 공감, 호의, 신뢰, 주목 등은 가치로 인식하기가 어려웠다. 이유는 단순한데, 이런 정신적인 가치는 모호하고 눈에 보이지 않기 때문이다. 하지만 사회에 많은 영향을 미친다는 사실을 우리는 잘 알고 있다. 이제 스마트폰이 널리 확산되어 모든 사람이 항상 인터넷에 접속해 있는 상태가 되었고, 인간 내면의 반응들도 데이터로 드러낼 수 있게 되었다. 전형적인 것이 '주목, 흥미, 관심'이다. 전에는 매우 모호하고 내면적인 개념이었지만 트위터나 인스타그램 같은 소셜미디어 덕분에 그 사람이 얼마나 많은 이들에게 주목과 흥미, 관심을 유발하는지를 수치로 인식할 수 있게 되었다.

또한 열람한 사람이나 댓글을 남긴 사람의 수도 실시간으로 파악할 수 있기 때문에 자신의 발언에 얼마나 많은 사람들이 관심을 가지는지 바로 알게 된다. 게다가 페이스북은 '좋아요!'에 여러 감정을 담을 수 있는 버튼이 있어 올린 글이나 사진을 방문자가 어떻게 느끼는지도 구체적으로 분류할 수 있다. 내면의 가치도 수치화한 데이터로 인식할 수 있다면, 서로 비교하고 토큰으로 만듦으로써 이런 가치를 축으로 한 독자적인 경제체제를 만들 수 있다. 실제 사례가 바로 '평가경제'나 '신용경제'이다. 이는 다음 항목에서 자세히 설명하겠다.

최근에 몇몇 회사에서 사내 통화를 도입하고 있다. 기업에 따라 서로 다르게 설계하는데, 사원이 매월 일정한 사내 통화를 보유하고 동료에게 감사 표시로 주는 방식이 많이 쓰인다. 바쁠 때 도와준 사람이나 부서가 다른데도 협력해준 사람에게 '별풍선' 같은 형태로 줄 수 있다. 받은 통화는 나중에 경리부에서 정산하여 급여로 바꾸거나 모아서 다른 사람에게 줄 수도 있다. 도움을 베푼 사람에 대한 '감사'라는 내면의 가치를 통화로 취급하여 회사 내에서 독자적인 경제체제를 만든 사례이다. 물론 돈이 필요해서 일부러 도와주려는 사람도 있을지 모르지만 급여에 비하면 액수가 미미해서 그럴 가능성은 낮다. 사내 통화는 구성원의 인간관계를 원활하게 하는 윤활유 같은 작용을 하다. 생일선물에서 드러나듯 가격이나 실용성이 아니라 마음을 써준다는 호의 자체가 가치임을 알 수 있다. 이처럼 지금까지 눈에 띄기 어려웠던 인간 내면의 가치도 데이터로 만들어 유통하기 쉬운 시대가 되었다.

02

평가경제의
함정

앞에서 말한 내면의 가치에 주목한 대표적인 사례가 평가경제나 신용경제이다. 비슷한 의미로 쓰이는데, 돈이 아니라 타인의 평가나 신용 같은 인간 내면의 감정에 의해 돌아가는 경제를 가리킨다. 블로그, 페이스북, 트위터 같은 소셜미디어의 스타가 소비에 큰 영향력을 행사하거나 미디어 역할을 하기도 하는데 이 역시 평가경제나 신용경제의 일부라 할 수 있다.

평가경제나 신용경제는 돈이 중심인 경제와는 확산하는 방식이 다른데, 대부분은 다음과 같은 패턴을 취한다. 우선 소셜미디어를 비롯한 온라인에서 정보를 적극적으로 퍼뜨려 많은 사람의 관심을 끌어모은다. 공감이나 호의 같은 내면의 가치를 느끼는 사람이 늘어나면 온라인에서 좋은 평가를 얻게 된다. 그러면 많은 팬이나 팔로어가 모이고 정보를 확산하기 더욱 쉬워지고 더 나은 평가를 받을 가능성이 커진다. 이런 식으로 선순환을 한다.

이른바 자본주의 경제에서 돈이 돈을 불리는 금융업과 마찬가지로, 확산의 힘을 지렛대로 삼아 평가가 평가를 낳게 된다. 이 활동을 통해 쌓은 영향력이나 인지, 평가라는 가치는 마치 돈처럼 필요한 것들과 교환할 수 있다. 광고라는 방법으로 돈과 교환하고, 평가에 힘입어 귀중한 사람과 약속을 잡을 기회로 교환하기도 하는 등 실제 통화처럼 사용한다. 이것을 토큰과 연결해 유통하면 많은 사람이 내면의 가치를 중심으로 운용되는 경제의 실제 모습을 체감하게 될 것이다.

한편 평가경제나 신용경제를 미심쩍은 눈으로 보는 사람도 많을 것이다. 먼저 지금 화제가 되고 있는 시스템이 대부분 '평가'나 '신용'이 아니라 '주목'이나 '관심'에 지나지 않기 때문이다. 유명 블로거나 페이스북 스타가 모으고 있는 것은 흥미, 관심, 주목이지 세상 사람이 생각하는 평가, 신용이 아니다. 어떤 사람은 일부러 괴이한 발언을 해서 악플이 쇄도하는 일이 되풀이된다. 이 사람은 타인의 주목을 받고 있긴 하지만 세간의 좋은 평가나 믿음을 받고 있는 것은 물론 아니다.

접속자 수나 팔로어 수 같은 데이터에는 흥미, 관심, 평가, 신용 등이 뒤섞여 명확히 구별되어 있지 않다. 많은 사람에게 의미 있는 평가를 받고 있는가, 단지 주목받고 있을 뿐인가, 사람들은 재미있어하며 구경이나 하고 있을 뿐인가 등은 현재의 팔로어 수나 접속자 수 같은 지표로는 판단할 수 없다. '주목경제', '관심경제'라고 하면 모를까 평가경제나 신용경제라고 하긴 어려울 것이다. 실제로는 '주목'이나 '관심'에 지나지 않는 반응을 '평가'나 '신용'이라는 용어로 채색하는 데 불편해하는 사람도 많을 것이다.

사람들이 탐탁지 않아 하는 또 하나의 이유는 주목이나 관심 등의 특정한 내면 가치 때문에 공감이나 호의 같은 다른 내면의 가치, 또는 치안이나 윤리 등의 사회적 가치가 희생되는 경우가 있기 때문이다. '주목경제', '관심경제'에서 궁극적인 관심사는 오로지 주목과 관심이다. 윤리적으로 문제가 있는 행위를 저지르고 해당 동영상을 유튜브에 올려 악플이 쇄도하게 함으로써 재생 횟수를 늘리는 일도 흔하다. 확실히 구독자 수가 늘어나 주목이나 관심을 받을 테고 재생 횟수에 비례해 많아지는 광고비도 챙길 것이다. 다만 동영상을 본 사람들은 재미나 호기심 같은 가치가 자극되는 한편 공감이나 호의, 치안이나 윤리 등의 가치가 훼손되었다고 느낄 것이다. 요컨대 주목이나 관심을 끌기 위해 여타의 가치를 희생하는 행위는 많은 사람들에게 경원 당하게 된다.

앞에서 말한 자본주의에 회의적인 사람이 늘어난 이유도 이와 마찬가지다. 자본주의에서는 수단을 따지지 않고 돈을 많이 버는 행위가 찬양 받는다. 오로지 돈만 노리고 사기를 치고 강요를 일삼아 타인의 내면 가치를 훼손하거나 스스로 돈의 노예가 되어 인생을 낭비하는 사람이 늘었다. 그리하여 리먼 사태 같은 금융 위기, 부의 양극화에 의한 분쟁, 자연 파괴나 환경오염 같은 재앙이 일어나 인류의 생존이 위협받고 사회적 가치가 희생되는 세태를 목격하게 되었다. 실용성의 가치가 내면의 가치나 사회적 가치를 압도한 결과 자본주의의 어두운 본성이 드러나고 말았다.

평가경제나 신용경제도 주목이나 관심을 모으기 위해 공감과 호의, 윤리 의식과 치안을 희생하면 폭주하는 자본주의와 마찬가지로 세상이 나서서 제동을 걸게 된다. 많은 사람이 불편해하며 비판의 목소리를 높이는 것이 바로 제동을 거는 일이라고 할 수 있다. 앞에서 말한 것처럼 사회는 절묘한 균형 감각에 의해 굴러간다. 특정한 가치가 너무 부각되어 다른 가치를 훼손하기 시작하면 균형을 잡으려고 반동이 일어나게 마련이다. 최근에는 평가경제나 신용경제의 이점만 강조되고 있지만, 중용과 균형이 중요하다는 점을 잊으면 안 된다.

03

사회적 가치의
중요성

우리가 매일 다루고 있는 돈이나 부동산, 주식을 화폐자
본이라 하는데, 이는 오로지 돈벌이라는 관점에서 평가
된다. 반대로 돈을 늘려주진 않지만, 사회 전체에 유익한
자본은 '사회적 자본'이라 불린다. 미국의 정치학자 로버
트 퍼트넘은 사회적 자본이란 "사람들이 활발히 협력해
효율성을 높일 수 있는 '신뢰', '규범', '네트워크'로 이루
어진 사회체제의 특징"이라고 정의했다.

사회적 자본이라는 개념은 개인과 개인이 연결되어 만
들어진 사회가 지속적으로 좋은 방향으로 발전하는 데
필요한 '사회적 네트워크'를 '자산'으로 파악하는 사고

에서 나왔다. 자본주의는 개인의 이익 추구가 사회 전체의 이익으로 연결된다고 보는데, 도를 넘은 이기주의가 사회 전체를 붕괴시킬 위험이 있어 사회적 자본이 대안으로 주목받게 되었다. 기존 경제에서는 화폐자본을 늘리는 데 뛰어난 사람(경영자, 투자가)이 큰 힘을 가졌지만, 앞으로는 사회적 자본을 늘리는 데 뛰어난 사람도 중요한 역할을 할 것이다.

공감을 확산하는 데 용이한 소셜미디어가 있어 사람들의 반응을 데이터로 가시화하여 블록체인을 통해 토큰으로 유통할 수 있다. 또 비트코인을 활용한 크라우드펀딩으로 국경을 넘어 가치를 이동시키기도 쉽다. 이러한 테크놀로지의 발전에 따라 돈벌이와 상관없이 많은 사람들이 가치가 있다고 생각하는 프로젝트는 경제를 움직이는 큰 힘을 갖게 된다. 우리는 가치주의에 입각해, 지금까지 보이지 않았던 사회적 자본의 가치를 드러내고 자본주의와는 다른 규칙에 따르는 경제를 구현할 수 있다.

자본주의의 기초인 돈을 버는 행위도 양상이 변해왔다. 소비자가 전 세계의 정보에 접근하게 되면 기업이 소비자를 속이거나 일방적으로 유리한 조건에서 서비스를 제공하여 이익을 독점할 수 없게 된다. 예컨대 질 나쁜 상품은 인터넷을 통해 순식간에 소문이 퍼지고 이 정보를 접하는 사람은 구매를 꺼리게 된다. 일찍이 기업은 더 많은 정보와 정치적 특권을 활용하여 이익을 챙겼다. 지금은 소비자가 인터넷을 통해 모든 선택지를 살펴보고 가장 좋은 상품을 주문할 수 있게 되었다. 인터넷의 집단 지성 덕에 소비자는 매우 현명해졌다. 앞으로는 정말 가치 있는 서비스를 제공하지 않으면 이익을 내기 어렵고 가치와 이익이 발을 맞추는 시대가 될 것이다.

한편 비즈니스 면에서는 전혀 매력을 느끼지 못했던 연구 개발이나 사회 공헌 사업의 가치를 알아보는 사람들이 늘어나 지금은 일정한 이익이 나오는 사업으로 자리 잡고 있다. 페이팔의 창업자 일론 머스크가 경영하는 테슬라 모터스는 이산화탄소의 배출이 억제된 전기자동차를 개발하고 있다. 테슬라를 따라 기존의 대형 자동차 제조사도 본격적으로 전기자동차 개발에 착수하게 되었다. 대기업이 모조리 참여하면 대기중의 이산화탄소가 줄어들고 에너지를 절감할 수 있을 것이다. 머스크는 스페이스엑스라는 기업을 통해 기존의 10분의 1의 비용으로 로켓을 발사할 수 있게 되었다. 우주 로켓 개발은 원래 나사(NASA) 같은 정부기관이 하는 사업이고, 민간 기업 혼자 해내기에는 문턱이 너무 높았다. 그것을 벤처 기업이 사업의 하나로 추진하는 데까지 왔다.

또한 빈곤 추방은 사회 공헌에 입각한 비영리 사업이었다. 하지만 그라민 은행이 실행하는 마이크로파이낸스는 이를 수익이 나는 활동으로 바꾸었다. 그라민 은행은 방글라데시에서 빈곤을 추방하기 위해 무함마드 유누스가 설립한, 가난한 사람들에게 소액을 저금리로 빌려주는 금융기관이다. 자선사업을 지속 가능한 사업으로 이끌어 기부금이나 정부 지원금에 의존하지 않고 수백만 명이 빈곤에서 벗어나는 데 공헌했다. 흔히 빈곤은 정부가 씨름해야 할 문제로 생각하지만 유누스는 빈곤을 사업이라는 경제 영역에서 해결하는 방법을 찾아냈다(유누스는 노벨평화상을 수상했다). 사회문제를 사업의 하나로 보고 접근해 해결하는 '소셜 비즈니스'도 유누스가 제창한 것이다.

스마트폰이나 블록체인 등 테크놀로지의 보급으로 사

회적 가치를 축으로 한 독자적인 경제권을 전 세계에서 누구나 간단히 구축할 수 있게 되자 이 흐름은 속도가 빨라졌다. 반대로 쉽게 돈을 벌기 위해 시작하는 사업은 대부분의 정보가 노출되어 있는 세계에서 과도한 경쟁을 유발하여 만족할 만한 수익을 내기 힘들어졌다. 이러한 전체적인 흐름을 보면 사회적으로 가치 있는 일에 집중하면 이익을 내기 쉬워지는 반면 오로지 눈앞의 이윤만을 추구하면 소비자가 외면하거나 과잉 경쟁에 내몰려 장기적으로 수익을 내기 힘들어지는 것 같다. 수십 년 후에는 '영리'와 '비영리'라는 구별이 없어지고 모든 활동이 '가치'라는 관점에서 파악될 것이다.

04

언제까지 돈이
사람을 움직이는가?

인공지능 등의 테크놀로지가 급속히 발달하면 노동력은 대부분 가치를 잃는다. 인간보다 기계에 맡기는 쪽이 훨씬 싸고 효율적이기 때문이다. 그렇게 되면 사람은 대부분 일자리를 잃게 된다. 결국 기본소득 도입을 위한 논의가 활발해질 것이다. 기본소득이란 생활하는 데 필요한 최소한의 생활비를 전국민에게 지급하는 정책이다. 선진국에서 실행하는 생계 지원 같은 사회보장을 전 국민에게 적용하는 것이다. 또는 대기업이 일종의 공공 서비스를 거의 무상으로 제공해서 국민들의 생활비를 대폭 낮춰주는 방식도 생각할 수 있다.

예컨대 구글이 자사의 제품만을 이용하면서 무료로 생활하는 아파트를 제공하는 방안도 충분히 생각할 수 있다. 구글의 와이파이가 설치돼 있고 구글의 컴퓨터와 스마트폰이 제공되며 여기에는 크롬 앱과 안드로이드 운영체제가 깔려 있고 구글홈이 놓여 있으며 집 전체는 구글네스트에 의해 제어되고 있다. 구글은 여기서 사람들의 생활 패턴을 분석하여 서비스 개선에 활용하고 이용자는 무료로 생활할 수 있다. 당연히 지원자에 한해서 제공한다. 최소한의 생활비를 지급받는 방식이나 생활에 필요한 서비스를 무상 제공받는 방식이나 다를 것은 없다.

선진국에서는 대부분의 국민에게 최소한의 생활 보장이 되기 때문에 물욕은 점점 없어지고 삶의 보람이나 의미를 찾는 사람이 늘어나고 있다. 앞으로 기본소득에 의해 일하지 않아도 살아갈 수 있게 되면 우리에게 돈은 어떤 의미가 있을까? 상상의 나래를 펼쳐보자. 돈 때문에 싫은 일을 억지로 할 필요가 없다. 수천 년 인간 역사상 처음으로 노동에서도, 돈에서도 해방되는 것이다. 이렇게 되면 당연히 돈의 상대적 가치는 더욱 떨어진다. 지금은 돈이 사람을 움직이지만 생활하기 위해 돈을 벌 필요가 없어지면 돈이 많아봐야 좀 더 편리한 생활을 할 수 있을 뿐 더이상의 이점은 없다. 지금의 경제체제에서는 돈을 벌고 싶다는 욕망(금전욕)이 삶의 가장 큰 추동력이지만 세상이 완전히 달라지게 되는 것이다. 기본소득이 도입되면 우리 인간은 이전에는 한번도 경험해보지 못한 삶을 살게 될지도 모른다.

현대의 수많은 의사 결정의 배후에는 돈을 벌 수 있느냐 없느냐 하는 계산이 깊이 깔려 있다. 지금은 연봉을 많이 주고 망하지 않을 대기업에 들어가고 싶어 하고, 결국 대기업 사원이 되려고 명문대에 입학하려 한다. 또한 평생을 함께 살아갈 배우자를 고를 때도 연봉을 따진다. 삶이 곧 돈이다. 하지만 기본소득이 제공되면 이런 통념과 관행은 완전히 무너질 것이다. 전에는 희소성을 띠었으나 이제는 누구나 간단히 손에 넣을 수 있어서 가치가 감소하는 현상을 비즈니스 세계에서는 '범용화(commoditization)'라고 하는데, 기본소득은 돈의 급속한 범용화를 초래하게 될 것이다.

05

다양한 경제 규칙이
통하는 사회

이런 주제를 다루다 보면 '기존의 경제'와 '새로운 경제'
를 비교하게 되지만, 나는 정반대 이야기를 하고 싶다.
요컨대 '여러 경제체제가 병존할 수 있다'는 것이다. 지
금 우월한 지위에 있는 사람은 새로운 경제체제가 필요
하지 않고, 그렇지 않은 사람은 이 상황을 바꾸고 싶어
한다. 각자의 처지와 성격이 다르니 단 하나뿐인 정답은
있을 수가 없다. 통일된 틀이 필요한 이유는 물리적인 제
약 때문인데, 지금은 인터넷이 발달해 온라인에 무수한
체제가 존재하기 때문에 하나의 틀에 죄다 끼워 맞출 필
요가 없어졌다. 다시 말해 인터넷이 충분히 보급된 세계

에서는 '사람에 따라 정답이 다르다. 답이 여럿일 수 있다'라고 생각해야 하지 않을까? 행동이나 사고방식을 하나로 통일해야 한다는 것은 구시대적 발상이다.

우리가 어떤 직업을 얻고 누구와 결혼하고 어떤 종교를 믿고 어떤 정치사상에 따라 살지를 자유롭게 선택하듯 무엇에서 가치를 느끼고 어떤 자산을 축적하고 어떤 경제체제 안에서 살아가는가 역시 스스로 선택하고 결정하게 된다. 우리는 이런 변화의 과정에 있다. 이런 세계에서는 우열을 가리거나 자신의 기준을 타인에게 강요할 필요가 전혀 없다. 각자 자신에게 가장 적합한 경제를 선택할 뿐이다.

일찍이 경제를 어떻게 설계할지는 국가의 전매특허였다. 하지만 지금은 비트코인처럼 개인의 아이디어에 따라 수조 엔 규모의 독자적인 경제권을 만들어낼 수 있는 시대이다. 막대한 자본도 수천 명의 사원도 필요 없고 경제 메커니즘을 이해하고 자유로운 상상력을 마음껏 펼치면 될 뿐이다.

얼마 전 오키나와가 코인을 발행하여 지역경제를 활성화한다는 소식이 들려왔다. 이런 흐름은 지방정부에 그치지 않을 것이다. 은행, 민간 기업, 비영리 조직, 상가, 학교, 팬클럽, 개인 등이 간단한 프로그램만 만들면 누구든 쉽게 통화를 발행하여 독자적인 경제체제를 만들 수 있다. 여기서는 기존 국가에서는 시도할 수 없었던 새로운 경제체제가 운용되고 여러 경제권이 서로 경쟁하는 가운데 나름의 적자생존 원리가 작동할 것이다. 반대로 참여자는 자신에게 가장 좋은 경제를 선택해 살아갈 수 있다. 양극화 문제는 경제체제가 하나뿐일 때는 치명적이지만 경제체제가 다수 존재하는 가운데 그중 하나를 자유롭게 선택할 수 있게 되면 지금보다는 완화될지도 모른다. 또 여러 경제체제가 서로 경쟁하면 억제와 균형의 원리가 작동하기 때문에 하나가 폭주하는 일은 없어질 것이다.

공유경제나 블록체인 같은 기술에 의해 서비스는 분산되는데, 한편으로 경제체제에도 다양성이 깃들어 점차 분산되는 '이중의 분산'이 진행된다. 예를 들어 현재 우리는 일본이라는 국가가 발행하는 엔화를 축으로 한 경제 속에서 살고 있고 엔으로 급여를 받아 편의점이나 백화점 같은, 법인이 운영하는 가게에서 상품을 구입한다. 엔은 일본 정부가 관리하는 중앙집권적인 통화이고 급여를 지급하는 회사도 상품을 판매하는 가게도 관리자가 운용하는 중앙집권적 성격을 띤다.

하지만 분산화가 진행되면 당신은 자산을 비트코인과 엔과 라쿠텐 포인트로 나누어 보유하고, 공유경제 서비스에서 일하고 보수를 토큰으로 받아 개인과 개인의 네트워크에서 누군가에게 옷을 사고 토큰으로 지불할지도 모른다. 이 경우 당신은 여러 경제권에 걸쳐 존재하고, 보유하는 자산도 분산해놓은 상태다. 돈을 벌거나 소비를 하는 등의 온갖 서비스를 분산된 네트워크에서 교환을 통해 완결한다. 경제권도 서비스도, 관리자 없이 운용되는 분산된 네트워크에서 완결되는 상태를 '이중의 분산'이라고 한다.

일찍이 마을 같은 작은 공동체는 어려운 일이 있으면 공동체 전체가 서로 돕는 일종의 상조회(相助會)가 되어 사회안전망의 기능을 수행했다. 오늘날 도시에서는 이웃이 누구인지도 모르고 살며 당연히 상호 교류도 드물어졌다. 만약 공유경제나 토큰경제 같은 시스템이 보급되면 여기서 생겨나는 무수한 '작은 경제권'이 사회안전망역할을 하게 될지도 모른다.

현재의 자본주의 경제 안에서 제 자리를 잡지 못한 사람도 전혀 다른 규칙에 따라 돌아가는 온라인의 토큰경제에서는 나름의 역할을 할 수 있을지도 모른다. 또한 하나의 경제체제에서 실패했다고 해도 다른 규칙으로 운영되는 작은 경제권에서는 몇 번이고 다시 시도할 수 있다.

예컨대 소통 능력이 요구되는 직장에서 제대로 성과를 내지 못하지만 노래를 잘하는 사람이 있는데 오디션에 합격할 수준은 아니라고 치자. 노래를 잘한다고 해봐야 노래방에서 분위기를 띄우는 역할을 하는 데 머물지만, 앞으로는 이런 취미와 특기도 강점이 된다. 일이 끝난 뒤에 인터넷에 노래하는 동영상을 올려서 토큰을 보수로 받을 뿐 아니라 관련 서비스가 활성화될수록 초기부터 활동하고 있었기 때문에 더욱 인기를 얻게 된다. 그러다 이용자가 늘어 경쟁이 심해지고 예전처럼 팬을 모을 수 없게 된다고 해도 서비스 확대를 통해 받은 토큰의 가치가 상승하면 돈이 되고 지금까지 해온 활동이 자산으로 남는다. 가진 토큰을 법정통화로 바꿔도 좋고 이걸로 또 다른 서비스에서 활동을 이어갈 수도 있다. 이렇게 하여 충분한 수익을 거둘 수 있다면 이제 내키지 않는 일을 억지로 할 필요가 없게 될지도 모른다.

　여러 경제권이 공존하면 기존의 주류 경제체제에서 밀려난 사람에게도 폭넓은 선택지가 주어져서 많은 사람들이 위험을 감수하고라도 적극 활동할 수 있게 된다. 경제체제가 단 하나뿐이라면 한 번 실패할 경우 다시 일어서기 어렵다.

06

시간이 '통화'가 되다:
타임뱅크 / VALU

최근에야 돈과 경제를 제대로 이해하게 되어 이 세상에 있었으면 좋겠다 싶은 경제체제를 직접 만들어보기로 했다. 나는 오랫동안 돈 이외에도 '시간'에 대해서도 생각해왔다. 그래서 돈과 시간의 특징을 함께 살린 '시간경제'를 만들어보기로 했다.

나는 이 책을 쓰면서 '타임뱅크'라는 시간거래소를 만들었다. 다양한 시간을 매매, 보유, 이용할 수 있는 시장이다. 전문가는 자기 시간을 타임뱅크에서 팔고 자금을 얻을 수 있다. 이용자는 자신이 좋아하는 전문가의 시간을 구입하여 이용할 수 있다. 시간에는 용도가 미리 정해져 있어서 다른 용도로는 이용할 수 없다. 또한 향후에도 오랫동안 이 전문가를 지원하고 싶을 때는 시간을 구입하여 계속 보유할 수 있다. 보유한 시간은 언제든 원하는 사람에게 시장 가격으로 팔 수 있다.

이 프로젝트에서는 세 가지를 실현할 수 있는지를 본다. 하나는 앞에서 말한 대안의 경제체제이고 다른 둘은 ① 개인이 주역인 경제 ② 시간을 통화로 하는 경제이다. 이런 경제를 실현할 수 있을까를 실험하는 것이다.

① 개인이 주역인 경제체제. 인터넷이 탄생함으로써 지금까지 대기업이 해온 업무를 개인이 할 수 있게 되었다. 전업 작가가 아니어도 블로그에 글을 올릴 수 있고, 가수가 아니어도 유튜브에 노래하는 동영상을 올릴 수 있고, 가게가 없어도 인터넷 매장에서 물건을 팔 수 있고, 회사에 근무하지 않아도 크라우드펀딩 등으로 일을 맡을 수 있다.

다만 개인이 기업처럼 돈을 벌 수는 없다. 인터넷에서 하는 일만으로 생계를 꾸릴 수 있는 사람은 극히 적으며 대부분은 용돈벌이 수준에 지나지 않는다. 인터넷이 널리 보급되어 창의적인 개인의 활동 공간이 활짝 열린 지도 10년이 지났지만 경제 활동은 대부분 기업에 의존하고 있다. 그렇다면 개인은 기업에 비해 무엇이 부족할까? 현재의 경제체제에서 개인과 기업은 '자산'에서 큰 차이가 난다. 개인이 '수입'을 얻는 수단은 늘었다지만 '자산'을 얻을 수단이 없다면 개인은 경제의 주역이 될 수 없다. 기업은 매일매일 다양한 자산을 쌓아올리고 주식 등의 자산을 레버리지(leverage)로 이용해 생산 활동을 확대할 수 있다. 경영자라면 다들 잘 알겠지만 기업의 안정성은 '수입' 이상으로 '자산'과 관련되어 있다. 자산이 없기에 개인은 기업에 비해 압도적으로 불리하다.

개인이 기업과 마찬가지로 전문성이나 영향력, 신용을 기반으로 살아가려면 매일 '수입'을 챙기면서도 '자산'을 충실히 쌓아올려야만 한다. 주식과 마찬가지로 개인이 '시간'을 실질적인 자산으로 운용할 수 있다면 회사와 마찬가지로 자신의 가치를 레버리지로 이용해 경제 활동을 할 수 있다. 주식 투자자가 배당 수입을 얻고 부동산 소유자가 임대 수익을 거두듯이 만약 시간을 자산으로 가진 사람이 정기적으로 수입을 얻을 수 있다면 어떻게 될까. 일하지 않고도 살아갈 수 있는 사람이 늘어날 것이다. 예를 들어 일정 수준 이상의 시간 가치가 있으면 보유 시간에 대해 일정 금액이 매월 지불되는 '시간 이자' 같은 시스템을 구현할 수 있을 것이다. 또는 시간을 자산으로 인정한다면 시간을 담보로 돈을 빌릴 수도 있다.

또한 시간에 시장 가치를 부여할 수 있다면 시간으로 '지불'하는 날이 올지도 모른다. 예컨대 지금 타임뱅크에서 초당 100엔이 넘는 시간 가치가 매겨진 사람이 몇 명 있는데, 그들이 레스토랑에서 식사를 했을 때 자신의 10초에 해당하는 가치로 음식 값을 지불할 수 있다면 가게 주인은 10초를 시장에서 매각하여 현금으로 바꿔도 되고, 해당 고객의 시간 가치가 계속 상승할 거라고 생각하면 10초를 갖고 있다가 1초에 150엔이 되면 매각하는 일도 가능해질지 모른다.

② **시간을 통화로 하는 경제.** 경제체제를 설계할 때 '시간'을 핵심 요소로 상정할 이유는 전혀 없었다. 다만 내가 생각하는 통화의 '앵커(anchor : 배의 닻)'로 '시간'이 안성맞춤이었다. 통화의 '앵커'란 배가 떠내려가지 않

도록 물밑으로 내리는 닻처럼 통화가 스르륵 사라지지 않고 가치가 더 이상 내려가지 않게 하는 '누름돌'을 가리킨다. 앵커가 견고한 실재성을 확보할수록 통화는 안정된다. 국가가 발행하는 통화의 앵커가 금괴(골드)인 시대도 있었지만, 오늘날 주요국의 앵커는 오로지 신용이다. 통화에는 못 미치지만 명확한 자산으로 인정받고 있는 것으로 시간과 한 쌍을 이루는 개념인 공간(부동산)이 있다.

한편, 옛날부터 '시간은 돈이다'라고 했지만, 눈에 보이지 않을뿐더러 돈으로 바꿀 수도 없어서 재산으로 인식되지 않았다. 하지만 이제 인터넷과 스마트폰이 보급되어 시간 역시 '데이터'로 인식할 수 있게 되었다. 시스템에서는 공간도 시간도 단순한 데이터에 지나지 않기 때문에 시간을 진정한 자산으로 취급할 수 있는 기술적인 토대가 구축되고 있다.

시간이 통화나 자본으로서 좋은 점은 경제의 '신진대사' 기능이 뛰어나다는 것이다. 경제체제가 쇠퇴하는 이유는 신진대사 기능을 잃고 지위와 계층이 고착되어 구성원이 의욕과 활력을 잃어가기 때문이다. 이자나 신용의 시스템에서 알 수 있듯이 현재의 경제체제에서 '금융 자본'은 갈수록 가치가 높아지고 있다. 반대로 시간 자체 가 재산일 경우 시간이 지날수록 보유량이 자연스럽게 줄어들기 때문에 시간상 여유가 있을 때(젊을 때) 행동하 려는 동기가 강해진다. 예컨대 20세 젊은이와 70세의 노 인의 경우 보유한 시간은 전자가 더 많다. 사용할 수 있 는 시간이 많고, 앞으로 여러 경험을 하는 가운데 시간의 가치가 상승할 가능성이 큰 젊은이의 시간을 구입하는 위험성은 낮아진다. 한편 노인의 경우는 이와 정반대다.

경제란 누군가 위험을 감수하고 도전하지 않으면 활성 화되지 않는다. 구성원이 돈을 모아둘 생각만 하고 소비 하는 사람이 없으면 경제는 쇠퇴할 수밖에 없다. 만약 돈 이 시간의 흐름과 함께 사라진다고 하면 어떻게 될까? 어 차피 모아둘 수 없고 시시각각 줄어든다면 위험을 감수하 고라도 하고 싶은 일을 할 것이다. 다시 말해 시간 자체가 통화라면 보존할 수 없을 뿐 아니라 쓰지 않으면 소멸하 기 때문에 이를 사용해 뭔가를 하려는 사람이 늘어날 것 이다. 앞에서 말한 게젤의 스탬프 화폐와 비슷한 모델이 다. 요컨대 시간을 많이 보유한 자가 위험을 무릅쓰고 도

전에 나서기 때문에 경제의 신진대사가 촉진된다.

흔히 '젊은이는 시간이 있지만 돈이 없고, 노인은 돈이 있지만 시간이 없다'고 말한다. 그런데 시간이 통화인 경제체제에서 젊은이는 시간과 돈을 모두 손에 쥐고 좋아하는 일에 도전할 수 있다. 기존의 경제체제와는 정반대다. 이런 시스템이라면 저출산, 고령화 사회에서도 시간이 경제를 활성화하는 수단이 될지도 모른다.

VALU(밸류)는 오가와 고헤이가 하고 있는, 개인의 가치를 거래할 수 있는 마이크로 트레이드 서비스이다. 크라우드펀딩처럼 용도가 정해져 있지 않고 누군가의 활동을 응원하고 싶을 때 당사자가 발행하는 VA라는 가상의 트레이딩 카드 같은 아이템을 구입하여 지원할 수 있다. VA는 시장에서 팔 수도 있다.

VALU는 개인의 가치에 초점을 맞추어 이를 시장에서 정하게 하는 시스템이다. 여기에는 신용, 영향력, 평가, 기대치 등 다양한 가치가 반영될 것이다. 시간에 주목하여 가치를 부여한 타임뱅크와 같은 원리이다. 실체가 명확지 않지만 가치가 있다고 여겨지는 것을 인터넷을 이용해 드러내고 경제 원리를 적용함으로써 새로운 규칙으로 운영되는 경제체제를 창출한 것이다. 당연히 지금까지 보아온 경제체제와는 다른 지표와 규칙이 많기 때문에 사람에 따라서는 이상하게 보거나 불쾌감을 느낄지도 모른다. 300년 가까운 역사를 자랑하고 시행착오를 통해 오류를 수정해온 자본시장에 비하면 아직 개선할 점이 있지만, 기존의 금융 시스템도 처음에는 많은 사람들이 미심쩍게 보았음을 잊으면 안 된다. 실제로 금화를 사용하다 태환성(兌換性)이 있는 지폐를 사용하게 되었을 때도 사람들은 불안감을 느꼈다. 금본위제의 종료에 따라 지폐와 금의 연계가 끊어지고 액면가치와 실질가치가 완전히 분리되었을 때도 많은 논란이 일었으나 현재의 지폐는 잘 기능하고 있다.

규칙이 다른 경제체제는 계속 등장하겠지만, 이것이 낫네 저것이 낫네 하고 갑론을박해봐야 의미가 없다. 각자 놓여 있는 상황이나 생각, 상식이 다르니 자신에게 맞는 경제체제를 선택하면 그만이다. 시행착오를 거듭하겠지만 수요가 있는 경제체제는 살아남을 것이다. 자동차가 나와도 자전거가 없어지진 않고, 청소기가 발명되어도 빗자루가 없어지진 않는 것과 비슷하다.

07

디지털 네이티브에서
토큰 네이티브로

지금까지 소개한 경제의 변화나 비트코인, 블록체인 같은 기술은 지금까지 유행해온 경제적 사고와 동떨어진 것이다. 아마 금융이나 컨설팅 등의 세계에서 10년 이상 일해온 사람은 도저히 받아들일 수 없을 것이다. 실제로 비트코인이 세상에 나왔을 때 금융계 관계자나 경제학자 등은 '중앙 관리자가 없는 화폐는 있을 수 없다', '신종 사기'라는 식의 반응을 보였다. 기존의 금융이나 경제 틀에 익숙한 사람의 눈에는 이렇게 보일 수밖에 없다.

농구만 해온 사람에게는 공을 차는 행위는 당연히 용납할 수 없는 일이다. 그런데 축구라는 경기가 등장했다

치자. 농구도 축구도 공을 사용하는 구기 종목이지만 규칙은 전혀 달라서 농구의 관점에서 축구를 말해봐야 아무 의미도 없다. 평생 농구만 해오며 '구기 종목은 곧 농구'라는 인식이 뿌리 깊은 사람이라면 축구든 야구든 배구든 죄다 농구를 기준으로 바라볼 것이다. 디지털 네이티브[13]에 대해서도 똑같은 말을 할 수 있다. 디지털 네이티브는 학창 시절부터 줄곧 개인용 컴퓨터나 인터넷을 사용하며 자란 세대이다. 일반적으로 1980년대 이후에 태어난 세대를 가리킨다.

나도 초등학교 때부터 컴퓨터를 사용했기 때문에 컴퓨터가 없는 시대는 상상할 수 없다. 그래서 컴퓨터가 등장하기 전과 후를 비교할 수가 없다. 휴대전화나 인터넷이 생겼을 때도 이전 시대의 상식과 관례가 무엇이었는지, 이를 통해 무엇이 어떻게 변했는지 모르고 그저 눈앞에 있는 편리한 도구를 사용했을 뿐이다. 그런데 지난 신문 기사 등을 찾아봤더니 컴퓨터가 등장하고 휴대전화가 보

---

13 디지털 네이티브(digital native)는 디지털 언어와 장비를 마치 특정 언어의 원어민처럼 자유자재로 구사하는 사람을 말한다.

급될 때도 여러 논의가 벌어졌다. '사회가 엄청나게 진보한다'고 주장하는 이도 있었고 '범죄에 이용되어 무서운 세상이 될 수도 있기 때문에 규제해야 한다'며 우려하는 사람도 아주 많았다.

이와 비슷한 이야기가 SNS가 확산될 때도 나왔다. 일본에서는 2005년경부터 믹시(Mixi)와 그리(Gree)가 대학생을 중심으로 재빨리 보급되었다. 당시 대학에 막 입학했던 나는 그저 편리하고 재미있는 서비스를 접해 즐겁게 가지고 놀았을 뿐이었다. 오랜만에 2005년 당시의 기사를 살펴봤더니 'SNS는 만남 사이트나 아동 매춘의 온상이 될 터이니 빨리 규제해야 한다'는 저널리스트나 전문가의 기사가 많아서 깜짝 놀랐다. 당시에는 아무 생각 없이 자연스럽게 이용했던 서비스도 논란을 불러일으켰고 10년이 지나서야 사회 인프라로 자리 잡았음을 나중에야 깨달았다.

지금의 비트코인, 블록체인, 토큰경제에 대한 논의를 보고 있으면 당시 SNS가 나타났을 때가 생각나는데 기시감이 든다. 이런 것들이 없던 시절을 살았고 잘 알기 때문에 비트코인이 큰 물의를 일으키는 현실을 충분히 이해할 수 있다. 한편 지금 대학생은 오래전부터 익숙한 금융 시스템이 비트코인과 함께 운용되기 때문에 편견 없이 받아들일 수 있을 것이다.

일본의 모바일 게임사 '구미'의 구니미쓰 히로나오 사장이 '토큰 네이티브'라는 말을 쓰기에 나는 정곡을 찌른 표현이라고 생각했다. 토큰 네이티브 세대는 태어난 순간부터 비트코인이나 블록체인을 접했기 때문에 지금의 우리와는 전혀 다른 관점에서 돈과 경제를 파악할 것이다. 미래에는 나 같은 디지털 네이티브 세대로서는 짐작도 하지 못한 서비스가 계속 생겨날 것이다. 디지털 네이티브 세대 역시 토큰 네이티브 세대가 제공하는 서비스를 이해할 수 없어 '규제가 필요하다'고 주장하게 될지도 모른다.

영국의 작가 더글러스 애덤스가 생전에 재미있는 말을 남겼다.

인간은 자신이 태어났을 때 쓰이는 테크놀로지를 자연스러운 세계의 일부로 느낀다. 15세에서 35세 사이에 발명된 테크놀로지는 새롭고 아주 신나는 걸로 느끼고, 35세 이후에 발명된 테크놀로지는 인간 본성에 반하는 것이라고 생각한다.

우리의 뇌는 일단 상식으로 자리 잡은 틀 안에서 생각하거나 판단하고, 새롭게 탄생한 기술을 편견 없이 보기 어렵다. 어른들은 하루 종일 스마트폰만 만지작거리고 있는 젊은이를 보고 혀를 찰 것이다. 또 우리 세대가 노인이 될 무렵에는 토큰경제나 인공지능을 능숙하게 사용하며 가상현실에 몰두하는 젊은이들을 미덥지 않게 볼지도 모른다. 하지만 이런 식으로 신진대사를 되풀이하며 세상은 진화를 거듭해왔고 앞으로도 그럴 것이다.

3부

MONEY 2.0
'돈 버는 통찰'

앞에서 소개한 가치주의란 두 가지 커다란 변화가 뒤얽힌 한 가지 현상이라고 할 수 있다.

첫째는 돈과 경제의 민주화이다. 지금까지 300년 가까이 국가의 전매특허로 여겨진 통화 발행이나 경제권 형성을 새로운 테크놀로지에 힘입어 누구든 간단히, 적은 비용으로 구현할 수 있을 것이다. 통화를 발행하기 위해 금은동으로 경화를 주조하지 않아도 되고 위조 방지 기능이 있는 지폐를 제조할 필요도 없다. 블록체인에서 규칙을 기술하고 트랜잭션(transaction)을 보며 개선을 되풀이하면 된다. 이용자는 스마트폰만 있으면 누구든 이 경제권에 참여할 수 있다. 통화나 경제체제는 자신이 판단하여 선택하게 된다. 경우에 따라 자신이 만들어 사용할 수도 있다.

둘째, 자본이 안 되는 가치로 운용되는 경제의 구현이다. 앞에서 가치를 이야기할 때 유용성이 담긴 가치, 내면의 가치, 사회적 가치, 이상 세 가지로 구별된다고 썼다. 지금까지 자본주의는 현실 세계에서 도움이 되느냐만을 따지는 유용성에만 가치를 부여했다. 내면의 가치, 공동체 전체에 공헌하는 사회적 가치는, 개인의 이익을 극대화하면 결국 사회 전체 이익의 극대화로 이어진다고 생각하는 자본주의적 시각에서 보면 아무런 의미도 없다. 하지만 구성원과 이용자의 감정과 사회성을 무시하고 오직 이윤에 혈안이 된 기업이나 경영자는 도태될 수밖에 없다. 이는 역사가 증명해주고 있다. 가치주의에서는 테크놀로지로 내면의 가치와 사회적 가치를 드러내고 새로운 경제체제를 성립시킴으로써 자본주의의 폐해를 보완할 수 있다.

한편, 이 두 가지 현상은 기존 자본주의 세계의 생활방식에 익숙한 사람에게는 비현실적인 이야기로 들릴 것이다. '통화는 중앙은행이 발행하고 경제는 국가가 운용한다', '분산시키면 혼란이 생기게 마련이다', '누가 실용성도 없고 도움이 안 되는 체험이나 감정에 돈을 지불하겠는가', '평가나 신용이 돈으로 바뀔 수가 있나?', 이런 반응, 어디서 들어본 적이 있을 것이다.

처음엔 이상하게 들릴지 모르지만 세상의 상식은 날마다 변한다. 정확히 200년 전에는 중앙은행이 통화를 통제해선 안 된다는 목소리가 높았고 40년 전에는 금이 보증하지 않는 지폐는 종이쪼가리에 지나지 않는다고 주장하는 사람이 많았다. 과거의 상식이 새로운 가치관으로 대체되고, 새로운 가치관이 상식이 되었나 싶으면 곧바로 또 다른 가치관으로 바뀌는 세상이다.

사실 현재 일본인이 알고 있는 상식은 인구 분포에서 볼륨 존(volume zone)에 해당하는 45세 전후의 사람들이 품고 있는 생각이다. 앞에서 말한 가치라는 관점에서 보면 서른 살 전후 세대는 이미 자동차나 집, 시계 따위에 많은 돈을 지불하는 행동을 이해할 수 없게 되었다. 어떤 물건이든 굳이 소유하지 않아도 된다. 필요하면 빌려 쓸 수 있다. 다시 말해 이들 세대에게는 그런 상품이나 물건의 가치가 낮다. 한편, 쉰 살 전후의 사람들은 스마트폰 게임에 돈을 지불한다거나 동영상을 보고 '별풍선'을 쏜다거나 비트코인을 사는 사람들의 머릿속을 이해할 수 없을 것이다. 아무 짝에도 '도움이 안 되는' 것에 돈을 쓰는 젊은이들을 보고 심히 걱정할지도 모른다.

여기서 소개한 가치주의도 세상의 변화에 따라 나타났다 사라지는 여러 생각 중 하나에 지나지 않지만, 앞으로 10년간 펼쳐질 일들을 생각하면 참고가 될 것이다. 다음 장에서는 우리 생활이 어떻게 바뀌어갈지를 좀 더 구체적으로 설명하려 한다.

1장

새로운 '틀'을 만들라

01

돈은
최우선이 아니다

가치주의가 널리 퍼지면 사람들이 일하는 방식이나 사고 방식이 어떻게 변해갈까. 유튜버나 인스타그래머처럼 좋아하는 일을 하며 살거나 크라우드펀딩이나 전자상거래 서비스로 여러 분야에서 수익을 내고, 급여의 일부를 비트코인에 투자하는 등 다양한 생활방식이 움트고 있다. 이러한 변화 속에서 어떤 사람들이 역량을 발휘하게 되는지를 살펴보자.

1980년 이후에 태어난 '밀레니얼 세대'는 종전 직후에 태어난 세대와는 일이나 인생에 대한 생각이 크게 다르다고 한다. 전후(戰後)부터 1970년대에 이르는 시기에는 누구나 가난을 벗어나 고도성장을 경험하며 유복해졌다. 다들 좀 더 풍요로워지고 싶다, 돈을 벌고 싶다, 맛있는 것을 먹고 싶다, 좋은 집에서 살고 싶다, 하는 단순한 욕망을 충족하기 위해 열심히 일했다. 성장과 풍요에 대한 갈망이 매우 강했고 삶의 방향이 명확했다. 굳이 말하자면 지금의 중국이나 인도에 가깝다.

한편 밀레니얼 세대는 비교적 유복한 생활을 누린 세대이기 때문에 돈이나 출세 같은 것에 연연해하지 않았다. 태어났을 때부터 의식주 걱정은 하지 않았던 세대로, 저 옷을 갖고 싶다, 좀 더 맛있는 것을 먹고 싶다는 식의 본능적인 욕구의 충족에 집착하지 않았다. 원래 인간은 풍요로워지면 가난하던 시절과 욕망의 종류가 달라지는 동물이다. 페이스북 CEO 저커버그는 하버드 대학 연설에서 이런 말을 했다.

오늘 저는 '목적'에 대해 말하고 싶습니다. 하지만 당신 인생의 목적을 찾으세요, 라는 식의 뻔한 '졸업식 연설'을 하고 싶진 않습니다. 우리 밀레니얼 세대는 본능에 가까운 목적의식을 갖고 있으니까요. 오늘 제가 이야기하고 싶은 것은 인생의 목표(의미)를 찾는 일만으로는 충분하지 않다는 것입니다. 저희 세대의 과제는 "'누구나' 인생에서 목적(의미)을 설정할 수 있는 세계를 만들어내는 것"입니다. (중략) 이 사회가 앞으로 나아가게 하는 것이 바로 우리 세대의 과제입니다. 새로운 일을 만드는 데 그칠 게 아니라 새로운 '목적'을 만들어내야 합니다.

나는 굉장히 흥미로운 이야기라고 생각했다. 나보다 윗세대 어른이 들었다면 무슨 소리냐고 할지도 모르겠다. 나는 밀레니엄 세대라고 해도 윗세대와 비슷한 환경에서 자랐기 때문에 저커버그의 이야기는 절반만 동의할 수 있었다.

오늘날 의식주를 비롯해 살아가는 데 필요한 물질은 어느 정도 충족된 상태에서 이제 어디로 나아가야 하는지를 모르는 이들이 많다. 아이러니하게도 풍요로운 삶 속에서 인생의 목적, 방향성, 의미를 잃어버린 것이다. 그래서 저커버그는 인생의 의미나 목적을 가질 수 있는 세상을 만들자고 말하는 것이다. 오늘날 불완전 연소 같은 느낌에 휩싸인 많은 젊은이들이 방황하고 있다. 어른들은 '배가 불렀어!' 하고 질타하지만, 이것이 엄연한 현실이다. 인생의 의미와 목적은 흔히 결핍과 욕구불만 속에서 찾게 마련이지만, 필요한 물질이 충족된 세계에서는 이것을 새로이 탐색해야 한다. 자기 인생의 의미와 목표를 추구할 뿐 아니라 이걸 타인에게 줄 수 있는 존재의 가치가 점점 커진다.

구글이나 페이스북 등 최근에 급성장한 기업에는 명확한 목표가 있다. 구글은 전 세계의 정보를 누구나 이용할 수 있게 하고, 페이스북은 모든 사람을 긴밀히 연결한다는 목표를 세워 사회의 과제를 해결하는데, 이런 회사의 직원들은 자기 일에 커다란 의미를 부여할 수 있다.

구글이나 페이스북 같은 기업이 우수한 인재를 많이 유치할 수 있는 이유는 최고 수준의 급여와 복리후생를 제공할 뿐 아니라 일하는 사람들에게 인생의 의미나 목적을 부여하기 때문이라고 생각한다. 앞으로는 인생의 의미나 목적을 타인에게 선사할 수 있는 능력이 경제적인 가치로 받아들여지고, 이런 조직이나 인간이 사회를 이끌어갈 것이다. 이를 알아차린 저커버그는 많은 사람들의 결핍를 채워주려 하고 있다.

에이브러햄 매슬로의 욕구의 5단계에 근거하여 설명하자면, 최종 5단계[14]인 자아실현의 욕구 다음의 욕구인, 사회 전체의 자아실현을 돕고 싶어 하는 이타적인 욕구가 생겨난다. 앞으로도 사회 변화에 따라 사람들의 욕구는 끊임없이 바뀌어갈 것이다.

---

14 매슬로의 욕구의 5단계는 다음과 같다. 1단계 생리적 욕구, 2단계 안전에 대한 욕구, 3단계 애정과 소속에 대한 욕구, 3단계 자기 존중의 욕구, 5단계 자아실현의 욕구.

02

내면의 가치에
주목하라

가치주의 세계에서는 일과 생활에서 어떤 방식이 표준이 될까. 답은 간단하다. '좋아하는 일에 열중하는 사람이 성공하는' 세상이 되고 다들 이런 삶을 지향하게 될 것이다. 자본주의 경제에서 수십 년 세월 살다 보면 '어떤 암시'에 걸려든다. 무엇보다 돈벌이가 최고라는 암시이다. 이익을 가장 앞세우고 합리성과 비용 대비 효과를 금과옥조로 떠받드는 것이 일반상식이었다. 사람들은 인생의 중대사를 두고도 금전적인 이익을 잣대로 삼아 판단한다. 직장에 들어갈 때도 결혼을 할 때도 우선 연봉이 얼마냐를 보는 식이다.

가치주의에서는 이 전제가 무너진다. 앞에서 말한 대로 돈의 상대적 가치가 점점 떨어지기 때문이다. 풍요에 익숙한 밀레니얼 세대를 중심으로 돈벌이 욕구가 약해졌고 돈으로 사람을 움직이기가 전보다 어렵게 되었다. 세상의 흐름도 전과는 많이 달라져서 이제는 돈보다 가족과 함께할 수 있는 여가 시간을 중시하게 되었다. 앞으로 기본소득이 도입되면 돈의 가치는 지금보다 더욱 떨어질 것이다.

경쟁 전략이라는 면에서도 돈벌이만을 앞세워 의사 결정을 하는 것은 사실 옳지 않다. 나라 전체가 성장하고 있는 중국이나 인도와 달리 일본의 경제성장은 멈춰 있다. 저출산 고령화와 인구 감소 추세에 따라 경제성장은 더 이상 기대하기 어려워질 것이다.

이런 상황이라 상품과 서비스가 포화되고 신진대사가 원활치 않으며 산업 시스템도 별로 변하지 않게 되었다. 역사가 오래된 기업이 계속 대기업으로 남아 있고 장기 근속 중인 상사의 권한이 막강해서 진급 길이 막혀 있을 것이다. 경제성장이 미약하면 남은 파이의 쟁탈전이 더 치열해진다. 지금의 경쟁 체제에서 20대나 30대는 상당히 '불리한 처지에 있다.' 도전해봐야 얻을 수 있는 몫이 적다고 할 수 있다. 지금 일하고 있는 사람은 왠지 모르게 노력에 대한 보상이 적다고 느낄지도 모르겠다.

반면 자본이 아니라 가치에 주목하면 기회는 무수히 많다. 자본주의의 틀에서는 인식할 수 없는 가치가 많고 여기에 초점을 맞추어야 한다. 상품과 서비스의 사용가치는 많이 떨어졌고 자본과 밀접하게 연결되어 있어 경쟁이 심하다.

반대로 현재의 자본주의에서 가치를 인식하기 힘든 내면의 가치 영역에 엄청난 기회가 있다. 공감, 열광, 신뢰, 호의, 감사 같은 감정은 눈에 띄지 않아서 알아채기 어려운데 지금은 많은 사람이 이 내면의 가치를 인식하고 있어 경제를 움직이는 원동력이 되고 있다. 상품과 서비스의 사용가치가 곧 경제적 가치라고 생각하는 연장자 세대는 이해하기 어렵다. 내면의 가치는 기존 자본주의 경제의 잣대인 사용가치로 분류할 수 없기 때문이다. 하지만 여기에 기회가 있다. 밀레니얼 세대는 이런 흐름에 주목해 일과 생활을 바꾸어가야 할 것이다.

03

'나'만이 할 수 있는
일을 찾는다

내면의 가치가 경제를 움직이면 성공 규칙이 완전히 달라질 것이다. 금전적인 이익을 가장 중시하는 사람일수록 돈을 벌 수 없게 되고, 뭔가에 열중하는 사람일수록 많은 이익을 얻을 것이다. 좋아하는 일에 진심으로 열중하고 몰두하면 성공하는 반면 이익을 얻는 데만 몰두하면 점점 퇴보하는 일이 일어난다. 한마디로 세상이 완전히 뒤집히는 것이다.

여기 오로지 상업적으로 성공하기 위해 노래하는 사람과 음악을 정말 좋아해서 노래에 인생을 건 사람이 있다. 어느 쪽을 응원하고 싶은가. 어느 쪽에 공감이나 호의를 느낄까. 대부분 후자일 것이다. 유명 유튜버들 역시 정말 즐겁게, 열중해서 동영상을 올림으로써 인기를 얻는다고 한다. 돈 자체를 목적으로 삼지 않고 즐겁게 일한 '결과' 두 마리 토끼를 모두 잡은 것이다.

이익과 실용성만을 앞세우는 발상을 내면의 가치에 적용하면 불협화음만 일으킨다. 도움이 되고 이득이 되는 것과 '즐겁고 공감할 수 있는 것'은 서로 아무런 관계가 없다. 지금까지는 인정받지 못했던 공감, 열광, 신뢰, 호의, 감사 같은 내면의 가치는 SNS를 타고 폭발적인 기세로 퍼져나가고 있다. 누구나 스마트폰을 들고 다니며 인터넷에 항상 접속하고 있기 때문에 사람의 열정이 '정보'라는 형태를 띠고 순식간에 퍼져나가는 환경이 조성돼 있다.

예컨대 중국에서는 실시간 동영상 전송으로 상품을 판매하는 라이브커머스(Live Commerce : 실시간 통신판매)의 기세가 굉장하다. 대형 전자상거래 사이트(JD.com)에서는 인기 있는 여성 탤런트가 등장하여 가재를 판매했다. 이 동영상을 통해 5분 만에 45만 마리의 가재가 판매되었다고 한다. 중국의 경우 슈퍼마켓에서 언제든 가재를 구입할 수 있는데도 말이다. 이용자는 단지 식욕을 충족하는 데 그치지 않고 '즐기고 싶다', 여성 탤런트를 '응원하고 싶다'는 감정에 '가치'를 느껴 대금을 지불한 것이다.

이처럼 가상통화나 토큰경제가 확산됨에 따라 눈에 보이지 않는 가치도 인터넷을 통해 쉽게 드러낼 수 있는 시스템이 마련되고 있다. 내면의 욕망을 충족하는 가치를 제공할 수 있는 사람, 자신의 열정을 감염시킬 수 있는 사람에게 성공의 문이 열리고 있다. 세상의 수요를 충족하는 데 급급하거나 다른 사람을 추종하는 것은 의미가 없다. 왜냐하면 내면의 가치가 중요한 시스템에서는 독창성이나 독자성, 개성이 가장 중요하기 때문이다. 내가 아니면 안 되는, 오직 나만이 할 수 있는 일을 찾으라. 다른 사람이 흉내 낼 수 없는 독자성이 가치로 연결된다.

독자성이나 개성이 기준이 되면, 연봉이 높고 인기 있는 대기업에 근무하는 것을 지금처럼 떠받들지 않게 된다. 대형 상사(商社)의 부장을 예로 들어보자. 기존 경제체제에서 이 부장의 가치는 개인의 능력이 아닌 기업이 정한 '직함'에 의존하고 있어 언제든 대체 가능하다. 퇴직한 후에는 다음 '부장'이 선임자를 이어받을 뿐 기업의 가치가 퇴직자 개인의 자산으로 옮겨가지는 않는다. 일을 통해 독자적인 기술이나 경험을 습득하지 않는 한 자신의 '가치'를 향상시키는 일은 있을 수 없다.

유명한 개그맨들 중 누가 더 재미있는가, 이런 논의는 해봐야 의미가 없을 것이다. 어느 쪽도 특유의 장점이 있고, 사람들의 기호에 따라 좋아하거나 싫어할 뿐이다. 자기 나름의 스타일이나 개성을 추구하는 사람에게는 열광적인 팬이 따른다.

예전에 도코모의 i-mode를 만든 나쓰노 다케시가 "창업자는 누군가가 되려고 하면 끝"이라고 했던 말을 지금도 기억한다. 새로운 틀을 만드는 독창성에 창업의 가치가 있는 법이니 나 아닌 다른 누군가가 되려고 하면 바로 자기모순에 빠질 수밖에 없다. 내면의 가치를 추구하는 세계에서도 비교우위에 연연하지 않고 끝까지 열중할 수 있는 일을 찾아 독자성을 구축하는 것이 성공의 열쇠이다.

04

녹슨 열정은
날려버려라

그렇다면 열중할 수 있는 일은 어떻게 찾을 수 있을까. 우선 하루 종일 해도 괴롭지 않은 일을 찾아보자. 평소에 다른 사람들로부터 아는 게 참 많다거나 왜 그걸 궁금해하느냐는 말을 들은 적이 있다면 당시의 화제를 떠올려 보자. 거기에 실마리가 있다.

어렸을 때는 누구나 뭔가에 열중한 경험이 있었을 것이다. 다만 초등학교, 중학교를 거치며 주입식 교육을 받고 하고 싶은 일이 아니라 해야 하는 일을 하다 보니 자신이 무엇에 흥미를 느껴 무엇에 열중했는지를 아예 잊어버리게 된다. 인간의 정신은 의식하지 않으면 금방 자신이 무엇을 느꼈는지도 잊어버리고 만다. 시간이 지나면 한때 뜨거운 열정을 쏟았던 대상도 마음속 깊이 묻히고, 일상의 다양한 의무에 얽매여 살면 영혼이 무언가에 겹겹이 싸여 무엇을 하고 싶었는지도 떠올릴 수 없게 된다. 나는 이 현상을 '마음이 녹슨다'라고 표현한다. 방심하고 있으면 누구라도 이런 상황에 빠지고 만다.

10대는 '다감한 시기'라고 하는데 마음에 녹이 슬지 않았기 때문에 외부 자극을 풍부하게 감지할 수 있다. 쉬 감동하거나 슬퍼할 수 있는 것은 세계에 직접 접하고 있기 때문이고, 정신에 녹이 슬어 있으면 아무리 멋진 것을 봐도 아무 감정이 생기지 않는다.

근대의 학교 교육은 전선에 동원할 병사를 만들기 위해 실시되었기 때문에 틀 안에서 획일적으로 움직이는 사람을 키워내는 데 주력했다. 이런 교육은 이제 쓸모가 없고 학교에서 배우는 단순 작업은 모두 기계가 대신할 것이다. 일본의 학교 교육과는 반대로 아이의 흥미를 북돋우는 '몬테소리 교육'이 주목받고 있다. 구글, 아마존, 페이스북의 창업자는 모두 이 교육을 받았다고 한다. 내면에 숨어 있는 열정을 퍼올려 타인을 감동시킬 수 있는 사람이 주인공이 되는 사회가 도래하고 있다. 타인이 만들어놓은 틀 안에서 움직일 게 아니라 자기 자신과 대화를 나누며 일생을 바쳐 매진할 수 있는 무언가를 찾아야 한다.

05

'틀 안'의 경쟁에서
'틀'을 만드는 경쟁으로

가치주의의 세계에서는 취직이나 이직에 대한 생각도 많이 바뀐다. 자신의 가치를 높여두면 어떻게든 살릴 수 있는 세계가 실현될 것이기 때문이다. 지금까지는 어떤 회사가 자신을 가장 높이 평가해주는지, 어떤 회사가 망하지 않고 높은 연봉을 지급할 수 있는지를 생각해서 취직을 하고 이직을 했다. 이제는 개인이 자신의 가치를 수익으로 바꿔 살아갈 수 있는 환경이 조성되고 있고, 진정으로 가치를 제공할 수 있는 사람은 회사에 몸담고 있을 이유가 사라지고 있다. 이런 사람들에게 회사는 자신의 가치를 발휘할 수 있는 여러 채널 중 하나에 불과하다. 한 회사에 의존해 돈을 버는 게 아니라 다양한 경험과 경력을 무기로 여러 회사에서 일하고 돈을 벌 수 있게 될 것이다.

여기서 중요한 것은 '개인의 가치'이다. 개인의 가치만 높여두면 이를 돈뿐만 아니라 또 다른 가치로 교환할 수 있다. 여기서 말하는 가치란 기술, 경험 같은 '실용성 있는 가치', 공감이나 호의 같은 '내면의 가치', 신뢰, 인맥 같은 관계에 기반한 '사회적 가치'가 모두 포함된다. 지금까지는 이런 가치를 기업의 사업 전략, 사회적 책임(CSR), 브랜딩(branding) 같은 영역에서 추구했는데, 이제는 개인도 반드시 갖추어야 할 덕목이 되어가고 있다.

직장을 선택할 때도 이러한 자기 가치를 극대화할 수 있는 환경이 갖추어져 있는지를 확인해야 한다. 가령 퇴사했을 때 자신의 가치가 높아져 있을까를 생각하면 연봉이나 사람들의 선호와는 전혀 다른 무언가가 보일 것이다. 아무리 유명한 대기업이라 해도 창조성도 없고 서류 정리나 하고 컴퓨터만 두들길 뿐이라면 자신의 가치가 올라가기는커녕 내려갈 가능성이 크다. 이런 단순 작업은 몇 년 후 기계가 대신 하기 때문이다.

반대로 안정성이 없고 연봉도 높지 않지만 일을 통해 평소 만나기 힘든 사람들과 관계를 맺고 유익한 정보를 얻고 기존의 틀에 얽매이지 않는 발상을 하고 향후 가치가 올라갈 기술을 익힐 수 있는 일터라면 틀림없이 개인의 가치를 높여주는 직장이라고 할 수 있다. 지금도 현명하게 독립이나 창업을 생각하는 사람은 이러한 관점에서 판단하고 선택하고 있을 것이다. 매일 업무를 처리하면서 정말 이 일이 자신의 가치 상승으로 이어지는지를 항상 생각하고, 그렇지 않다면 연봉이 높다고 해도 다른 길을 생각해볼 필요가 있다.

지금까지는 자본주의라는, 단 하나의 틀 안에서 경쟁해왔다. 더 많은 자본을 쌓아올린 인간이 더 많은 힘을 얻는 세계에서 싸워온 것이다. 앞으로는 가치라는 관점에서 자기 나름의 독자적인 틀을 만들 수 있느냐 없느냐를 두고 경쟁하게 될 것이다. 틀 안에서 더 많은 것을 얻으려는 경쟁이 아니라 틀 자체를 만드는 경쟁이나. 이 대목에서는 자신의 흥미와 열정, 고유한 가치를 축으로 나름의 경제권을 만들어나가야 한다.

창작자라면 자신의 작품에 많은 사람이 관심을 기울이도록 알리고 흥미, 공감, 호의를 보일 사람을 늘려나가야 하다. 자신의 개성을 꽃피우고 연마해나갈 때 다른 이들의 공감과 성원은 귀중한 '자산'이 된다. 물론 테크놀로지나 인간의 욕망을 깊이 이해해야 한다. 다만 이러한 노하우는 테크닉에 지나지 않고 세상에 널리 유통되면 누구든 다룰 수 있는 기술이 된다. 다시 말하지만 자신의 참모습을 직시하여 숨은 열정을 발굴하고 자신의 가치를 소중히 키워나가는 것이 가장 중요하다.

2장

상상이 현실이 되는
비즈니스를 주시하라

01

기술 발전이
인류를 진화시킨다

가치주의가 진전되고 인간 내면의 가치나 인류 전체에 공헌하는 사회적 가치가 올바로 인정받으면 사회는 어떻게 변해갈까. 여기서는 개인이 아니라 세상 전체의 시야에서 고찰해보겠다.

'포스트 자본주의'라고 할 수 있는 경제 변화를 우리는 목격하고 있다. 이는 테크놀로지의 급속한 진화를 촉진하여 인류사의 새로운 막을 열어젖힐 것이다. 일찍이 르네상스가 일어났을 때 이탈리아는 무역에 의해 번영을 이루었다. 무역이나 금융으로 재산을 쌓은 메디치 가문을 비롯한 대부호가 예술가를 지원했고 근대 예술의 발전을 이끌었다. 영국의 뉴턴을 위시한 천재적인 과학자들은 다양한 물리 법칙을 발견하여 산업혁명을 일으켰고, 이로 인한 물적 토대를 기반으로 엄청난 패러다임의 변화가 일어났다. 종교의 시대에서 민주주의, 자본주의, 과학의 시대로 직진한 것이다.

자유나 평등을 비롯한 여러 가치관이 이 시대에 등장하여 200년이 넘도록 풍미하고 있다. 인류가 커다란 패러다임 전환을 하는 시기에 인간은 상상력을 발휘했고 이를 지원하는 경제 기반이 갖추어져 있었다. 경제에 관한, 앞에서 설명한 혁명은 돈이 안 된다는 이유로 주목받지 못한 최첨단 테크놀로지에 대한 투자를 가속화하여 인류를 새로운 전환기로 이끄는 신호탄이 될 것이다.

현재 자본주의 세계의 패자(霸者)인 실리콘밸리의 거대 IT 기업, 애플, 구글, 아마존, 페이스북이 보유한 현금은 웬만한 나라의 부를 넘어서는 규모이며, 그들은 남아도는 부를 새로운 테크놀로지의 발전에 투입하고 있다. 이들 기업은 마치 산업혁명 시대의 철도 회사, 석유 회사, 거대 은행 같은 존재감을 뽐내고 있다. 당시에도 이런 기업이 새로운 테크놀로지에 막대한 자본을 투입한 결과, 전기와 자동차를 비롯한 현재의 인프라가 완성되었다. 에디슨에게 자금을 지원한 것도 모건 가문이다.

뿐만 아니라 가상통화나 블록체인 같은, 전혀 상상하지 못했던 경제체제가 탄생해 사회적 자본에도 자금이 대거 투하되고 있다. 가상통화공개 조달 액수는 2017년 중반에 2,500억 엔을 돌파했고, 이는 벤처캐피털(venture capital)이 모은 금액을 상회한다. 예전에는 구글이나 페이스북 등의 새로운 테크놀로지 기업에 벤처캐피털이 리스크머니(riskmoney : 부족금 보상 수당)를 공급했는데, 지금은 이 역할을 가상통화공개가 수행하고 있다.

거대 IT 기업은 남아도는 현금을 이용해 채산성을 생각하지 않고 테크놀로지 연구에 투자하고, 신흥 기업은 가상통화 경제권에서 자금을 조달해 새로운 테크놀로지의 진화를 추진한다. 이런 황금시대가 도래해 종래에는 생각할 수 없었던 프로젝트에도 자금이 흘러들어간다. 예컨대 유전자 기술을 이용한 의료나 우주 개발, 신에너지 개발 분야에서도 자금 조달이 쉬워져 장기 계획을 세워 연구를 진행할 수 있게 될 것이다.

지난 30년간 개발된 새로운 테크놀로지는 인류에게 산업혁명 이상의 충격을 안기고 있다. 어떤 학자들은 이를 특이점[15]이라고 부르는데, 지금 일어나고 있는 통화나 경제에서 일어난 혁신은 특이점의 도래를 가속화하는 요인이 될 거라고 본다.

노동은 대부분 기계가 수행하고, 인간은 돈과 노동에서 해방된다. 더 이상 먹고살려고 일하지 않아도 되고 돈도 필요하지 않게 된다. 기본소득이 주어지거나, 거대 기업이 생활 인프라를 무상으로 제공하고, 토큰경제를 비롯한 다층적인 경제체제가 가동되어 모든 사람이 최소한의 생활을 할 수 있게 될 것이다.

우리 손자 세대에는 이렇게 말할지 모른다. "증조할아버지는 1주일 내내 하기 싫은 일을 억지로 했던 모양이야, 불쌍하게 말이지." 현대인이 신분제도에 묶여 있던 에도 시대의 서민을 보면 똑같이 말하지 않을까.

---

15 '질적 도약이 일어나는 특정 시점'을 뜻하는데, 인공지능이 인간의 지능을 넘어서는 역사적 기점을 의미하기도 한다.

02

인류 최초 전자 국가의 탄생: 에스토니아

국가와 국민의 관계도 변화해간다. 국가는 지금까지 영토를 보존하고 통화를 발행하고 경제를 운용하고 법률을 제정하고 경찰과 군대로 치안을 유지하는 역할을 해왔다. 앞으로는 이런 국가의 역할도 달라질 것이다. 사람들이 온라인에서 보내는 시간이 많아질수록 현실 세계의 영토 크기는 덜 중요하게 된다.

가상현실에서는 공간을 무한히 생성할 수 있어서 물리적인 영토 보유의 이점은 점점 줄어든다. 가상통화나 블록체인의 보급으로 통화나 경제를 반드시 국가가 맡아야 할 필요성이 옅어지고 있다. 법률 이야기를 하자면, 스마트 계약[16]을 통해서도 국가의 역할이 줄어들지도 모른다. 스마트 계약은 블록체인에서 미리 약속한 사항을 규칙으로 기술해두고 특정한 조건이 충족되면 약속한 사항이 자동 실행되는 시스템이다. 블록체인에서 내용 변경이 어려운 성질을 활용한 것으로, 법원이나 행정기구 같은 집행자가 없어도 계약 내용이 자동 실행된다.

군대는 어떻게 변할까? 경계 임무나 전쟁은 드론이나 로봇이 수행하고 사이버 테러 같은 디지털 전쟁이 중요해지기 때문에 훈련된 병사나 경찰을 많이 보유할 필요가 없다. 요컨대 현재 상황에서도 국가의 역할을 모두 전자화하여 테크놀로지로 대체할 토대는 만들어지고 있다.

이 대목에서 미래 국가의 모습을 그려보자. 에스토니아가 한 가지 가능성을 보여주고 있다. 발트해 연안의 에스토니아는 인구 130만 명 정도의 작은 나라이다. 일본으로 치면 아오모리현 정도의 인구를 가졌다. 에스토니아는 스카이프의 발상지이고 '디지털 국가', '국경 없는

16 스마트 계약((Smart Contract)은 블록체인을 기반으로 금융 거래, 부동산 계약, 공증 등 다양한 형태의 계약을 체결하고 이행하는 것을 말한다. 블록체인 2.0이라고도 한다.

국가'를 목표로 새로운 테크놀로지를 국가 운영에 적극 도입하고 있다. 세계에서 유례가 없던 전자 투표 시스템을 도입했고, 전자 ID 카드를 발행하는 등 각종 행정 절차를 전자화했다. 또한 전자 거주권이라는 독특한 제도를 만들었다. 해외의 창업자가 신청하면 가상공간의 에스토니아 국민으로서 은행 계좌를 개설하고 법인을 세울 수 있는 시스템이다. 이미 2만 명 이상이 신청하여 허가를 받았다. 최근에는 독자적인 가상통화 '에스토코인'을 발행하여 가상통화 기반의 자금 조달 법인 ICO를 설립할 가능성을 내비쳐 주목을 받았다. 유럽의 단일화폐는 유로인데, 에스토니아 정부는 가상공간에서 가상통화를 발행하여 자금을 모아 블록체인 등의 새로운 테크놀로지에 투자하고 싶은 모양이다.

싱가포르는 인구 600만 명의 작은 나라이지만 금융의 힘을 활용하여 높은 경제성장을 실현하고 선진국이 되었다. 에스토니아는 인터넷을 비롯한 정보 테크놀로지의 힘을 활용하여 국제적인 영향력을 발휘하고 싶어 한다. 미국이나 중국 같은 강대국은 지금과는 전혀 다른 시스템을 도입하는 데 주저할 것이다. 반대로 기존 국제사회의 주류가 아닌 나라는 새로운 시스템을 채택하여 다음 세대의 '새로운 국가 형태'를 만들 가능성을 모색하고 있다.

나는 앞으로 국가가 세 갈래로 변화하리라고 본다.

첫째, 에스토니아 같은 선진적인 나라가 미국이나 중국과는 전혀 다른 형태의 세계 표준을 만든다.

둘째, 거대 IT 기업이 새로운 테크놀로지를 활용하여 실질적으로는 국가와 같은 역할을 수행한다. 구글이나 아마존의 영향력은 이미 작은 나라를 넘어섰다. 이들 민간 기업이 말하자면 행정 서비스의 질을 높여서 제공할 수 있을 것이다.

셋째, 전혀 알려지지 않은 공동체가 가상 국가를 선언하며 새로운 모델을 만드는 것이다. IS, 즉 이슬람 국가는 국가로 인정받지 못하고 과격파 테러 조직으로 비난받았다. 그들은 국가를 참칭하며 전기와 물을 공급하고, 은행, 학교, 법원 등의 근대 인프라를 독자적으로 정비한 바 있다. 또한 SNS 등을 면밀하게 활용하여 구성원을 모집했었다. 물론 이는 부정적인 사례이지만, 앞으로 가상 공간에서 국가의 기능을 대체할 수 있게 되면 구성원을 전혀 모르는 전자 국가가 여럿 등장해도 전혀 이상하지 않을 것이다.

03

하나의 종교가
경제권이 된다

종교도 가치주의의 시대에는 큰 영향력을 발휘할 것이다. 최근에 구글의 전 사원이 새로운 종교 단체를 만들었다고 해서 화제가 되었다. 'Way of the Future'라는 단체인데, 구글과 우버에 회사를 매각한 경험이 있는 엔지니어 앤서니 레반도프스키가 설립했다.

이 종교 단체는 '인공지능'을 신으로 모시고 더 나은 사회를 만들겠다는 교의를 내세워 물의를 빚었다. 나는 이이야기를 들었을 때 전혀 이상한 느낌을 받지 않았다. 왜냐하면 현재의 구글이 일종의 종교나 마찬가지이고, 차이점이라고 해봐야 주식회사냐, 종교법인이냐에 불과하기 때문이다. 구글뿐만이 아니라 실리콘밸리에 있는 IT 기업은 테크놀로지를 활용해 지금보다 나은 세계를 실현한다는 이념과, 테크놀로지의 발전은 사람들을 행복하게 한다는 '신조'를 가슴에 품고 있다. 신이나 종교 같은 단어가 붙는 순간 수상쩍어지지만, 기실 목적도 하는 일도 같다.

예전 SF 소설에 '테크놀로지 해방주의자(techno-liberalian)'라는 표현이 나왔는데, 테크놀로지를 발전시켜 사람들을 고통에서 해방한다는 신조를 가진 사람들을 가리키는 말이다. IT 기업은 여기에 해당할 것 같다.

조금 전에 가치주의에 의해 공감, 신용, 호의 등의 내면의 가치로 경제체제를 만들어낸다는 이야기를 했다. 종교는 바로 이 내면의 가치를 다루는 것이다. 밀레니얼 세대는 '인생의 목표'가 필요한 상황인데, 인생의 의미를 제공하는 역할은 지금까지 종교가 담당했다. 요컨대 종교와 테크놀로지가 융합하여 경제권을 형성한다고 해도 이상하지 않다.

앞에서 경제와 정치의 경계도 사라진다고 이야기했는데, 마찬가지로 경제와 종교의 경계도 사라질 것이다. 주식회사도 종교법인도 입각점은 다르지만, 하는 일이 비슷하기 때문이다. 주식회사는 기업 이념을 내세워 사회적 가치를 추구하는 흐름을 타고 있고, 종교는 내면의 가치를 받아들여 경제체제를 형성해나간다.

일본인은 대개 종교가 없지만 세계적인 차원에서 보면 종교가 없는 사람은 소수이다. 신자가 많은 종교를 보면, 그리스도교 22억 명(약 33퍼센트), 이슬람교 15억 명(약 22퍼센트), 힌두교가 9억 명(약 13퍼센트)이다. 그리스도교도가 온라인에서 토큰경제를 형성한다면 바로 세계 최대의 경제권이 탄생하게 된다.

종교를 구성하는 요소를 조사해보니, 앞에서 말한 경제체제의 요소와 거의 같았다. 종교는 '교의'가 가장 중요하고 경제체제는 '보상'이 가장 중요하다. 우선순위가 다를 뿐이고 반드시 갖춰야 할 요소는 같다. 우리는 경제체제, 국가, 도시, 종교, 회사 할 것 없이 목적이나 규모, 용도에 따라 다른 이름을 붙이고 다른 개념으로 다루었다. 그러나 '가치'라는 관점에서 바라보면 이것들을 구별할 이유가 없다. 가치주의에서는 물적 존재를 토대로 한 근대의 분류가 녹아 없어지고 가상공간 네트워크 시스템이 기반이 되기 때문이다.

04

나에게 맞는
'현실'을 선택한다

인간이 노동과 돈에서 해방되면 시간이 많이 생긴다. 엔터테인먼트가 주요 산업이 되어 정신적 충일함을 추구해나갈 것이다. 르네상스 시대에 그랬듯이 인간의 창조성은 정신적 고양감과 충족감을 얻기 위해 온전히 활용되며 가상현실, 증강현실, 혼합현실(MR) 같은 테크놀로지의 발전과 발맞추어 정신은 지금으로선 상상도 할 수 없는 다양한 방향으로 확장되어간다.

영화는 영화관이나 안방에서 보는 데 그치지 않고, 영상 안에서 자신이 주인공이 되어 즐기는 단계에 이르고, 영상만이 아니라 냄새나 감촉까지 더욱 생생히 재현하게 될 것이다. 몰입감을 극도로 끌어올리면 거의 현실과 차이가 없어질 것이다. 이러한 인간 정신을 확장하는 기술에 의해 우리의 관점이나 사고방식도 변할 것이다. 예를 들어 지금은 파워포인트의 그래프 등을 사용해 2차원으로 프레젠테이션을 하거나 회의를 한다. 시각화된 그래프에 의해 언어가 아니라 직관에 의해 다양한 상황을 파악할 수 있다. 파워포인트나 엑셀이 없었을 때는 눈에 보이지 않는 복잡한 현상을 공유하기 어려웠을 것이다.

여기서 더 나아가 3차원, 시간 축까지 포함한 4차원을 공유할 수 있게 되면 어떻게 될까. 예컨대 회의에서 시제품을 가상현실이나 증강현실을 통해 공유하고, 3년을 사용한 경우 제품의 품질이 얼마나 나빠지는지를 시간 축의 변화와 함께 비교할 수 있다면 의사결정에 이를 때까지 방대한 자료를 만들 필요도 없어진다. 이처럼 인간 뇌의 시뮬레이션 능력을 보강하는 기술을 능숙하게 사용하게 되면 인류는 지금보다 훨씬 뛰어난 사고력을 발휘하고 정확한 의사결정을 할 수 있을 것이다.

기기를 사용해 현실감을 강화하거나 확장하는 한편, 뇌와 컴퓨터를 접속해 사람의 인식 자체를 바꾸어 사용하는 기술도 발달할 것이다. 뇌-기계 인터페이스(BMI, Brain-Machine Interface)는 뇌와 컴퓨터를 직접 연결하고 뇌 자체를 제어하거나 뇌를 사용해 컴퓨터를 사용할 수 있게 하는 기술이다. 시각, 청각, 미각, 촉각, 후각 같은 뇌가 만들어내는 감각을 직접 제어하게 되면 마치 실제 대상처럼 오감으로 느낄 수 있다. 시각도 뇌가 만든 감각이라서, 예를 들어 자외선이나 사람의 체온이 눈에 보이면, 이 세계가 지금과는 전혀 다르게 보일 것이다.

요컨대 가상현실, 증강현실, 뇌-기계 인터페이스가 발달하면 인간은 '현실' 자체를 선택할 수 있을지도 모른다. 몇 가지 채널을 바꾸어가면서 머물러 있기에 가장 편한 세계를 자신의 '현실'로 선택하는 것이다. 엉뚱한 이야기로 들리겠지만 지금도 2차원의 인터넷 공간을 주요 현실로 삼고 살아가는 사람이 있다.

어떤 여성 인스타그래머가 헤어롤을 머리에 만 채 밖으로 나가고 인스타그램에 올리는 사진을 찍을 때만 헤어롤을 뗀다는 이야기를 들었다. 그녀는 인스타그램의 세계를 주요 '현실', 이외의 세계를 부차적 현실로 인식하는 거라는 생각이 들었다. 돈벌이나 노동에서 해방되면 많은 사람들은 정신적 욕구 충족에 관심을 보인다. 가상현실이나 뇌-기계 인터페이스 같은 테크놀로지로 이를 실현할 수 있게 되면 마다할 사람은 없을 것이다.

당연히 지금 우리로서는 도저히 받아들이기 힘든 환경이다. 우리는 이런 기술이 없던 시절을 살았고 잘 알고 있기 때문이다. 하지만 태어난 순간 이런 첨단 기술이 쓰이고 있는 세상에서 태어난 우리 후손들은 이를 편리한 도구로 받아들일 것이다. 내가 어렸을 때도 텔레비전 게임에 빠진 초등학생이 사회문제가 되었다. 텔레비전 게임이 없던 무렵의 놀이를 알고 있는 부모 세대가, 텔레비전 앞에서 계속 게임만 하는 아이를 보며 불안해하는 것은 어쩔 수 없는 일이다.

어쨌거나 테크놀로지의 진화는 막을 수 없다. 인간의 욕망을 충족시키는 편리한 기술이 하나둘씩 등장하고 세대의 변화와 더불어 사회 구석구석에 침투해간다. 인간이 '현실'을 선택할 수 있게 되면 지금과는 전혀 다른 욕망이 생겨날 것이다.

예를 들어 가상현실을 구현하는 기술이 지금보다 훨씬

좋아져서 실제 현실과 거의 같은 수준의 몰입감에 빠질 수 있다면, 당신은 가상현실 애플리케이션으로 몇 개의 세계를 자유롭게 왕래할 수 있다. 서로 다른 세계에서 진짜와 똑같은 가상공간에서 친구와 대화를 나누고 업무에 관해 상의할 수도 있다.

한편, 우리가 현실이라고 부르는 물리적인 공간에도 증강현실이나 혼합현실 기술에 의해 가상의 존재가 섞이게 된다. 당신은 페이스북이나 트위터, 인스타그램 같은 앱을 가려 쓰듯이 여러 가상공간에서 서로 다른 인격으로 소통을 즐긴다. 그중에서도 제일 편한 가상공간에서 가장 오래 시간을 보낼 테고, 머릿속으로는 가장 많은 시간을 보내는 세계를 '현실'이라고 생각하게 될 것이다.

인정욕구는 오래전부터 인간의 원초적 욕구였는데 이제 SNS에 의해 누구나 바로 충족할 수 있는 욕구가 되었다. 자신의 시각, 청각, 미각, 촉각, 후각 등의 오감을 데이터로 변환해 타인과 공유할 수 있게 되면 타인과 오감을 공유하고 싶은 일종의 '통합 욕구'가 탄생할지도 모른다. 자신이 눈으로 본 경치뿐만이 아니라 냄새, 맛, 감정 등을 모두 타인과 공유하는 것이다. 사람은 자신이 좋아

하는 것을 타인과 공유하고 싶은 욕망이 있다는 사실은
SNS로 이미 분명해졌다. 기술이 진보하면 더욱더 많은
것들을 공유하고 싶어질 거라는 예상이 나올 만도 하다.

05

세계의 경제가
우주로 확장된다

경제 혁신은 인간의 정신적인 욕망을 충족하는 흐름을
가속화한다고 말했는데, 또 다른 방향으로도 확장될 것
이다. 바로 공간적인 확장, 즉 지구 밖에 있는 우주 개발
을 가속화하고, 우주 공간도 인간의 경제권으로 끌어들
이는 상황을 예상할 수 있다.

테크놀로지에는 몇 가지 흥미로운 성질이 있다.

첫째, 인간의 능력을 확장한다. 증기기관이나 엔진은
인간의 신체 능력을 확장했고, 컴퓨터나 인공지능, 가상
현실은 인간의 정신을 확장했다.

둘째, 널리 보급됨으로써 인간이 오히려 교육을 받기

시작한다. 인간은 돈을 발명함으로써 돈에 얽매이게 되었고, 컴퓨터를 발명함으로써 컴퓨터에 판단을 맡기게 되었다.

마지막으로 신체 가까운 곳에서 공간적으로 먼 곳으로 확장해간다. 처음에는 인간의 손안에 있던 도구나 기계가 최근에는 인간의 손을 떠나 멋대로 돌아다니게 되었다.

궁극적인 것은, 테크놀로지가 지구 바깥인 우주 공간을 향해 발달해가는 흐름이다. 우주 산업에서는 미국을 중심으로 2000년대 IT 혁명 때와 같은 고조된 분위기가 나타나고 있고, 다양한 스타트업이 생겨나 투자를 가속화하고 있다. 그중에서도 머스크가 이끄는 스페이스엑스는 재활용을 할 수 있는 로켓을 만들어 비용을 획기적으로 낮추었다. 몇 년 후에는 거의 매일 적은 비용으로 로켓을 쏘아 올리게 될 것으로 보이며, 우주가 인류의 생활권이 될 가능성도 한층 높아졌다.

해외여행 가듯이 우주여행을 할 수 있게 되면 엔터테인먼트 산업도 호황을 누릴 것이다. 또한 1000개 이상의 인공위성을 쏘아 올려 우주 공간에서 지구에 와이파이를 제공하는 우주 인터넷이 실현되면, 기지국이 없는 개발

도상국에서도 싼값에 인터넷을 이용할 수 있을 것이다. 나아가 우주 공간에서 태양광 발전을 해서 지상으로 송전하는 시스템이 구현되면 태양의 무한한 에너지를 활용할 수 있게 된다. 우주 공간을 활용하여 통신과 에너지를 공급할 수 있게 되면 인류의 경제권이 우주 공간까지 확장되는 움직임이 더욱 현실성을 띠게 될 것이다.

마치는 글

돈을 도구로 이용해
꿈을 실현하라

마치 공상과학소설 같은 이야기가 이어졌기 때문에 마지막으로 우리에게 친근한 돈과 어울리는 법, 돈과 감정의 거리 두기를 이야기하려 한다.

첫머리에서도 설명한 대로, 돈에 대해서는 부정적으로 이야기하는 경우가 많다. 나도 예전에는 돈을 굉장히 부정적으로 보았다. 돈 때문에 인생의 선택 폭이 좁아졌고, 돈이 없기 때문에 비참한 생각에 빠졌기 때문에 자연히 돈에 대한 나쁜 편견을 갖게 되었다. 다만 사업을 하면서 다양한 돈의 데이터를 분석하다 보니 나 자신의 편견이 보였고 생각을 바꾸게 되었다. 궁극적으로는 돈과 경제를 하나의 '현상'으로 파악하고 돈과 감정을 나누어 생각하게 되었다.

예컨대 사람들은 '불평등'이라는 말을 들었을 때 무엇을 떠올릴까. 대부분은 부정적인 느낌이 들고, 불쾌한 감정을 진정시키기 위해 누구나 알기 쉬운 '나쁜 놈'을 찾으려고 한다. '세상에는 나쁜 인간이 있고 그놈 때문에 많은 사람들이 혹독한 생활을 강요 받는다'는 결론을 내리고 '희생양'을 찾아 뭇매를 퍼부어 분풀이를 한다. 일단 속은 후련하지만 그렇다고 문제가 해소될 리는 없다. 누구 하나 때문에 세상이 이 모양 이꼴이 될 정도로 세상이 단순한 것도 아니고 당장 '나쁜 놈' 하나가 없어져도 다음 '나쁜 놈'이 계속 나타날 뿐이다. 구조적인 결함을 제거해야 하는 문제인데, 감정이 이성을 가려 일시적인 불만 해소로 타깃이 '바꿔치기'되는 전형적인 예이다.

이와 관련하여 말하자면, 프랑스의 '기요틴(단두대)'에 의한 사형은 사실 시민에게 일종의 '오락'이기도 했다. 당시에는 많은 사람들이 가난했고 정치에 불만을 품은 사람들이 많았다(나중에 그들의 불만이 원동력이 되어 혁명이 일어난다). 기요틴은 시민의 '기분 전환'을 위해 준비된

오락이었다. 일상에서 쌓인 불만을 기요틴으로 처형되는 '악인'에게 터뜨리게 하고, 그를 죽임으로써 불만을 해소하고 기분 전환을 할 수 있게 했다. 다만 누군가의 목을 자른 후에도 세상은 바뀌지 않았음을 잊지 말아야 한다. 많은 사람들의 불만이 쌓이면 다음 희생자를 준비해서 일시적으로 기분을 전환시키는 일을 되풀이했지만, 결국에는 프랑스혁명이 일어나고 말았다.

당연히 경제체제의 구조적인 결함에 주목하고 해결책을 찾고 필요한 제도를 만들어야 한다. 그러나 사람들은 악인을 찾아 혼내주고 후련해하는 안이하고 뻔한 길을 택하기 십상이다. 많은 사람이 생각 없이 이를 따른다면 위정자는 더더욱 미봉책으로 눈가림이나 하려 들 것이다. 지금도 정치, 산업, 조직 내에서 일시적인 분풀이로 눈 가리고 아웅 하는 광경을 자주 볼 수 있다.

1부에서 설명한 것처럼 불평등이란 유기적인 네트워크의 순환이 만들어내는 일종의 '물리 현상'이다. 거래를 되풀이하는 도중에 서서히 치우침이 발생하여 자연스럽게 불평등이 생기고 만다. 이런 현상과 구조를 이해하고 어떤 제도를 만들어 실행해야 불평등이 고착되지 않고 사회 전체가 활기를 띨 수 있을지를 생각해야 옳다. 눈앞의 감정적인 불만을 해소하는 데 멈춘다면 진정한 해결책은 영원히 찾을 수 없다.

다시 말해 진정으로 돈이나 경제로 인해 생기는 사회 문제를 해결하고 싶다면 돈에 붙어 있는 '감정'을 떼어내고 생각해야 하다. 돈이나 경제의 특징을 이해한 다음 이를 자신의 목적 달성을 위한 '도구'로 능숙하게 사용하는 훈련을 해야 한다.

많은 돈을 굴리는 사람일수록 배금주의자나 수전노 같은 인상을 풍기는 경향이 있지만, 사실은 정반대이다. 이런 사람일수록 감정을 전혀 개입시키지 않고 돈을 종이나 가위, 컴퓨터와 마찬가지로 '도구'로 보고 있다. 순수하게 편리한 도구로 받아들이기에 돈을 취급할 때도 마음이 흔들리지 않고 냉정한 판단을 내릴 수 있다.

한편, 돈을 잘 다루지 못해 어려움을 겪는 사람일수록 돈에 감정이입을 하는 경우가 많다. 나도 그랬다. 곤궁하면 불안해지고 결국 돈에 감정을 결부시켜 도구 이상의 의미를 부여하기 십상이다. 돈이나 경제를 다루기 위해서는 돈과 감정을 떼어놓고 하나의 '현상'으로 바라볼 필요가 있다.

아마도 토큰 네이티브 같은 세대가 탄생할 무렵에는 이런 논의도 무의미할 것이다. 돈이 단순한 '도구'라는 것은 더 말할 필요가 없을 만큼 당연한 상식이 되어 있을 것이기 때문이다. 우리는 돈에 특별한 의미를 느낀 마지막 인류가 될 테고, 그런 세상의 도래를 앞당기는 것이 우리 세대가 할 일이라고 생각한다.

그리하여 누구든 돈을 '도구'로 파악하고 깊이 이해함으로써 바야흐로 도래할 '새로운 경제'에 편승함으로써 자신의 꿈을 온전히 실현할 수 있기를 간절히 바란다.

감사의 글

이 책을 끝까지 읽어주신 독자 여러분께 감사드린다. 원래 나 자신의 경험을 통해 얻은 '돈'에 관한 지식이 어느 정도 정리되면 한 권의 책으로 정리해서 내놓으려고 생각했다. 지금 이 책을 출간할 수 있게 되어 기쁘다.

생각해보면 지난 12년간 나는 같은 일을 되풀이해왔다. 무슨 의문이 떠오르면 관련 정보를 긁어모아 닥치는 대로 읽고 나름의 가설을 세워 시험해봤다. 그렇게 하면 다음 의문이 떠올라 같은 일을 매주 되풀이했다. 휴일에는 정보를 정리하며 가설을 세우고, 평일에는 실무를 통해 검증하고, 다시 휴일에는 평일에 얻은 결과를 기초로 다음 의문을 던지고 다음 가설을 세워나갔다.

비유하자면 유적 발굴 작업이라고 할까, 아니면 양파의 껍질을 벗기는 일이라고 할까. 계속 파내려가다 보면 뭔가 중요한 것이 숨어 있는 느낌이 들고, 이렇게 껍질을 벗기다 보면 양파의 중심에 다가가는 기분도 든다. 끈기 있게 계속해나가면 가끔은 굉장히 중요한 법칙성이 발견되고, 전혀 무관해 보이는 일들에서 공통성을 찾아내고 선입견이나 상식이 뒤집히는 경험을 하기도 한다. 그럴 때마다 충격을 받곤 한다. 세상의 진실에 맞닥뜨린 느낌이 들고 여기서 얻은 깨달음을 곧바로 시험해보고 싶어지고, 또 다른 의문이 솟아나면 바로 이 책에서도 소개한 것처럼 쾌락 물질이 마구 쏟아지는 상태가 된다. 이런 체험을 통해 얻는 희열이 너무 커서 일상생활에서 느끼는 즐거움은 굉장히 시시하고 따분하게 여겨졌다. 그래서 이 일에 몰두해왔다.

앞으로도 새로운 테크놀로지, 새로운 개념이 계속 생겨나 우리 인류가 쌓아온 상식을 뒤엎고 우리 눈을 가리는 비늘을 벗겨낼 것이다. 열정적인 탐구자들이 등장해 아직 아무도 알아채지 못한 세계의 진실을 해명할 테고 끊임없이 세상을 놀라게 할 것이다.

아인슈타인이 이런 말을 남겼다.

공상은 지식보다 중요하다. 지식에는 한계가 있다. 상상력은 세계를 뒤덮는다. 중요한 것은 계속 의문을 품는 일이다. 신성한 호기심을 잃어서는 안 된다.

아인슈타인은 당시 절대적인 진리라 여겨졌던, 뉴턴이 발견한 '상식'을 뒤집었다. 아인슈타인이 제시한 세계상도 새로운 발견에 의해 뒤집히게 될 것이다. 요컨대 우리 머릿속 상식이나 개념은 모두 '상상력'의 산물에 지나지 않으며, 다음 세대 인류에 의해 계속 바뀌어나갈 것이다. '마땅히 이래야만 한다', '당연히 그렇다'라는 말은 실제 증거에 의해 논파될 수 있다. 인간은 한때 공상이라 비난받은 아이디어도 현실에 구현할 수 있으며 특별한 존재가 되기 위해 노력할 수도 있다. 필요한 것은 아인슈타인이 말한 대로 '호기심'과 '상상력'을 잃지 않는 일이다.

인간은 나이를 먹을수록 근거 박약한 확신과 편견에 휩싸이고 사회의 굴레에 얽매이다 보면 사물을 있는 그대로 보거나 자유롭게 상상하기가 어려워진다. 이런 경향이 가장 뚜렷이 드러나는 대상이 옛 사람들의 상상의 산물인 돈이다. 이 책을 읽음으로써 '돈'에 대해 자유롭게 상상하며 경제와 세계에 대한 새롭고 참신한 시간을 계발할 수 있기를 바란다.

이 책의 편집을 담당해준 미노와 씨, 사장인 겐조 씨에게 진심으로 감사드린다. 사실 여러 출판사에서 이런 책

276

을 써보지 않겠느냐는 제안을 해왔다. 하지만 미노와 씨가 있었기에 겐토샤에서 책을 내고 싶었다. 인간의 열정은 전파되는 법이다. 자기 일을 사랑하며 즐거운 마음으로 일하는 사람과 함께하면 즐겁다. 미노와 씨는 이 책에서 소개한 가치주의에 기반을 둔 생활 방식을 한 발 앞서 체현하는 것 같았다. 이런 분들과 일을 통해 관계를 맺는 것이 나에게는 '내면의 가치'로 연결된다. 나는 앞으로도 새로운 세계에 과감히 뛰어드는 열정적인 인간으로 살고 싶다. 그럴 수 있기를 바란다.

2017년 10월 23일

사토 가쓰아키

KI신서 7394

MONEY 2.0

1판 1쇄 인쇄 2018년 5월 28일
1판 1쇄 발행 2018년 6월 5일

지은이 사토 가쓰아키
옮긴이 송태욱
펴낸이 김영곤 **펴낸곳** (주)북이십일 21세기북스

정보개발본부장 정지은
정보개발3팀장 문여울 **편집** 윤경선 송치헌
출판영업팀 최상호 한충희 최명열
출판마케팅팀 김홍선 최성환 배상현 이정인 신혜진 김선영 나은경
홍보팀 이혜연 최수아 김미임 박혜림 문소라 전효은 염진아 김선아
제휴팀 류승은 **제작팀** 이영민
외부 스태프 편집 박기효

출판등록 2000년 5월 6일 제406-2003-061호
주소 (10881) 경기도 파주시 회동길 201 (문발동)
대표전화 031-955-2100 **팩스** 031-955-2151 **이메일** book21@book21.co.kr

ISBN 978-89-509-7441-1 03320

(주)북이십일 경계를 허무는 콘텐츠 리더

21세기북스 채널에서 도서 정보와 다양한 영상자료, 이벤트를 만나세요!
페이스북 facebook.com/21cbooks 블로그 b.book21.com
인스타그램 instagram.com/21cbooks 홈페이지 www.book21.com

서울대 가지 않아도 들을 수 있는 명강의! 〈서가명강〉
네이버 오디오클립, 팟빵, 팟캐스트에서 '서가명강'을 검색해보세요!